金师起点·超级讲师精品书系

跟唐僧学管理

中国财富出版社

图书在版编目（CIP）数据

跟唐僧学管理／程修远编著．—北京：中国财富出版社，2015.4

（金师起点·超级讲师精品书系）

ISBN 978－7－5047－5559－9

Ⅰ.①跟…　Ⅱ.①程…　Ⅲ.①管理学　Ⅳ.①C93

中国版本图书馆CIP数据核字（2015）第029741号

策划编辑	刘天一	**责任印制**	何崇杭
责任编辑	张　娟	**责任校对**	饶莉莉

出版发行	中国财富出版社		
社　　址	北京市丰台区南四环西路188号5区20楼	**邮政编码**	100070
电　　话	010－52227568（发行部）		010－52227588转307（总编室）
	010－68589540（读者服务部）		010－52227588转305（质检部）
网　　址	http://www.cfpress.com.cn		
经　　销	新华书店		
印　　刷	北京京都六环印刷厂		
书　　号	ISBN 978－7－5047－5559－9/C·0187		
开　　本	710mm×1000mm　1/16	**版　　次**	2015年4月第1版
印　　张	15	**印　　次**	2015年4月第1次印刷
字　　数	223千字	**定　　价**	32.00元

序

这本书是为正在经营企业和有创业梦想的人而写的。

这本书初步构思于2006年，后来在各种讲座和咨询工作中交流和实施过，内容也在不断增加。

把唐僧与管理联系起来大约是在2000年前后，当时跟员工提到过，在内部培训的时候也多次讲到。后来《水煮三国》这本“麻辣味”的管理书问世后，曾与几家出版社联系，但由于时间上滞后，出版社对市面上出现了《水煮西游》、《水煮水浒》之后再出版一本《跟唐僧学管理》的书，表示风险很大、兴趣不大。

这本书是不是包括了如何经营管理公司的全部了呢？这本书主要涵盖了企业文化和企业管理方面的内容。一个公司的生存和发展需要两手，一手是攻击，一手是防守，经营就是攻击手段，而管理是防守手段。

本书的结构和安排：

第一章：为什么要跟唐僧学管理。

第二章、第三章和第四章：公司的本质。

第五章和第六章：企业设计。

第七章和第八章：领导力。

第九章和第十章：执行力。

第十一章和第十二章：集团管控。

需要对本书的行文做一些说明。“公司”和“企业”是两个不同的词语，在经济法中、在经济学中，对它们的理解是不同的。（在经济学中，除了在会计学和金融以外，“公司”比较少被使用到，在微观经济学中，一般使用“生产厂商”这个词代替“企业”或“公司”。）本书尽管涉及一些经济学知识和内容，但主要是经营管理方面的，在本书中，“公司”与“企业”的差别可以忽略，两个词语可以互相替换，用词差别主要是出于行文考虑——上下文顺口。即使严格地追究“公司”和“企业”的差别，也不会影响本书的结论。

本书的定位是企业管理从初级到中级的水平，如果你从开始创业到公司走上正轨，这期间遇到的管理问题，这本书基本都能解决了。如若读者能觉得本书的内容比“艳俗的”书名更能打动人，那本书的目的就达到了；如若对读者能有所借鉴和帮助，那本书就成功了。

编　者

2014 年 12 月

目 录

第一章　引子：为什么要跟唐僧学管理 …………………………… 1

第一节　对唐僧的不同评价…………………………………………… 4
第二节　唐僧与宋江………………………………………………… 4
第三节　对《西游记》的其他解读 ………………………………… 8
第四节　管理的核心是什么 ………………………………………… 11

第二章　公司的本质：法律的视角 ……………………………… 13

第一节　企业生存环境 ……………………………………………… 15
第二节　契约文化 …………………………………………………… 17
第三节　企业的本质与企业的边界 ………………………………… 19
第四节　法人治理 …………………………………………………… 22

第三章　公司的本质：组织和绩效的视角………………………… 27

第一节　组织 ………………………………………………………… 29
第二节　三种常见的组织结构 ……………………………………… 30

第四章　公司的本质：财务的视角 ……………………………… 35

第一节　现金流比现金留存重要 …………………………………… 38
第二节　资金周转率比利润率重要 ………………………………… 39
第三节　股东价值比分红重要 ……………………………………… 40

第五章　企业设计：让我们从零开始 …………………………… 41

第一节　起步之前：创业者领导力是成功最重要的因素 ……… 43
第二节　新公司如何起步 ……………………………………… 43
第三节　企业设计的思路 ……………………………………… 45
第四节　公司架构 ……………………………………………… 47
第五节　市场与营销体系建设 ………………………………… 48
第六节　一份商业教育的加盟方案 …………………………… 51

第六章　企业设计：战略定位 ……………………………………… 55

第一节　什么是战略 …………………………………………… 57
第二节　定位与经营模式 ……………………………………… 87
第三节　战略咨询 ……………………………………………… 89
第四节　波特的竞争战略 ……………………………………… 91
第五节　生命周期与业务链 …………………………………… 93

第七章　领导力：企业文化与愿景 ………………………………… 99

第一节　生存之道与核心价值………………………………… 102
第二节　唐僧的团队管理：核心理念与践行的统一………… 105
第三节　企业文化的定义和组成……………………………… 106
第四节　企业宗旨与企业愿景………………………………… 111
第五节　企业文化：只有合适不合适，没有对错…………… 114
第六节　企业形象与品牌推广………………………………… 117
第七节　领导的个人特质与领导行为 PM 测量 …………… 119

第八章　领导力：企业文化建设 ………………………………… 123

第一节　企业文化的建设：核心层 ………………………… 125
第二节　企业文化的建设：组织与制度……………………… 128

第三节　企业文化的建设：标识与产品 …………………… 133
第四节　松下企业文化与索尼企业文化的比较 ……………… 134
第五节　分公司建立与精确复制 ……………………………… 137

第九章　执行力：战略绩效管理 ……………………………… 141

第一节　执行力与绩效管理 …………………………………… 143
第二节　人力资源与激励体系 ………………………………… 144
第三节　什么是绩效考核与绩效管理 ………………………… 144
第四节　战略文化与绩效管理 ………………………………… 150
第五节　绩效考核的技术与工具 ……………………………… 152

第十章　执行力：组织与流程 ………………………………… 161

第一节　组织再造与流程优化 ………………………………… 163
第二节　流程再造的概念 ……………………………………… 167
第三节　什么是流程 …………………………………………… 169
第四节　企业业务流程管理（BPR）实施的六个自我测验 …… 171
第五节　BPR 实施：绘制流程图（矩阵式流程图） ………… 174
第六节　组织建设中的其他问题 ……………………………… 176

第十一章　集团管控（上） …………………………………… 179

第一节　集团管控的概要："抓死放乱"的管控悖论 ………… 181
第二节　盘根错节集团化 ……………………………………… 181
第三节　集团公司管控"拦路虎" …………………………… 183
第四节　从纸老虎到真老虎的集团公司管控 ………………… 184
第五节　集团公司管控模型的三大体系 ……………………… 185
第六节　成员企业忠诚 ………………………………………… 188
第七节　集团边界 ……………………………………………… 190
第八节　集团功能定位 ………………………………………… 191

第九节　管控模式…………………………………………………… 194
第十节　治理管控…………………………………………………… 197

第十一章　集团管控（下） ………………………………………… 201

第一节　组织管控…………………………………………………… 203
第二节　流程管控…………………………………………………… 206
第三节　战略管控…………………………………………………… 208
第四节　预算管控…………………………………………………… 209
第五节　业绩管控…………………………………………………… 211
第六节　财务管控…………………………………………………… 212
第七节　内审管控…………………………………………………… 215
第八节　HR 管控 ………………………………………………… 217
第九节　信息管控…………………………………………………… 218
第十节　风险管控…………………………………………………… 219
第十一节　文化管控………………………………………………… 224
第十二节　品牌组合战略…………………………………………… 225

第一章

引子：为什么要跟唐僧学管理

我已发了弘誓大愿，不取真经，永堕沉沦地狱。我此去真是渺渺茫茫，吉凶难定。我去之后，或二三年，或五七年，但见那山门里松枝头向东，我即回来；不然，断不回矣。

——唐僧，第十二回

《跟唐僧学管理》，一看到书名的读者自然会问这样的问题：凭什么要跟唐僧学管理？唐僧在我们心目中是值得学习的英雄吗？唐僧不是在三打白骨精的时候把孙悟空赶走了吗？

如果从管理的角度去理解，唐僧其实就是去西天取经团队的主管、就是公司的经理、就是公司的 CEO。如果把唐僧比成一个公司的经理的话，那他在普通人的心目中，给人的印象往往是一个不称职的领导。

有两部影视作品，戏剧片《孙悟空三打白骨精》和周星驰的影片《大话西游》，对我们形成唐僧的印象起了很大的作用。对电影《孙悟空三打白骨精》里的唐僧的形象，历史上还有一段故事。

郭沫若曾经在 1961 年写过一首七律，《看〈孙悟空三打白骨精〉》：

人妖颠倒是非淆，对敌慈悲对友刁。
咒念金箍闻万遍，精逃白骨累三遭。
千刀当剐唐僧肉，一拔何亏大圣毛。
教育及时堪赞赏，猪犹智慧胜愚曹。

在这首诗中，郭沫若对唐僧的态度是恨不得千刀万剐，郭沫若显然认为唐僧是一个完全不称职的领导，甚至该死。

毛泽东看了郭沫若的诗后，特地和了一首七律，《和郭沫若同志》：

一从大地起风雷，便有精生白骨堆。
僧是愚氓犹可训，妖为鬼蜮必成灾。
金猴奋起千钧棒，玉宇澄清万里埃。
今日欢呼孙大圣，只缘妖雾又重来。

很显然，毛泽东对唐僧的态度要和缓很多，但还是给唐僧一个“愚氓”的帽子，同样也表达了唐僧作为领导来说，是有点“昏庸”。

第一节　对唐僧的不同评价

在周星驰的影片《大话西游》中，唐僧是一个哼哼唧唧、唧唧歪歪、啰里啰唆的家伙，而影片的男主角毫无疑问的是至尊宝，即后来的孙悟空。唐僧是糊涂的、好坏不分的，这个判断似乎已经家喻户晓，广泛被接受。那么今天，我们提出跟唐僧学管理，岂不成误导大家去跟一个失败的管理者去学吗？

要想让大家扭转这种看法，我们就得说一下跟唐僧学管理的充分的理由。

第二节　唐僧与宋江

大家知道，《西游记》里的唐僧与历史真实中的玄奘之间还是有点区别的，我们这里所说的跟唐僧学管理，指的就是大家都熟悉的古典名著《西游记》里的唐僧，指的就是唐僧师徒四人一起去西天取经的故事。

我们就是把他们师徒四人比作一个团队、一个公司，唐僧就是这个公司的经理，徒弟们就是唐僧公司里的员工。跟唐僧学管理就是学唐僧如何去管理这个团队并最终实现企业目标的。尽管我们会穿插着说一些历史真实的玄奘的事迹，但最主要是以《西游记》里的故事作为我们讲述的主要依据。

我们是想通过四大名著里的《西游记》来阐述管理的一些理念和观点，是把唐僧师徒四人看成是一个公司里的团队，看看唐僧是如何管理这个团队的。

要衬托出唐僧值得我们去学习，我们还是先举一个反面的例子、失败的例子来说一说。

《西游记》里唐僧师徒四人组成的团队的企业文化和企业目标，从开始出发去西天取经到最后圆满回国，始终都没有改变，这就是其理念：去西天取真经，普度众生。相比之下呢，我们要举的反面的例子就是中国古典四大名著里的另一部——《水浒》里梁山好汉的例子了。

明末的金圣叹可以说是点评《水浒》的第一人，但从"理念"角度去评价的主要是下面这两位。鲁迅是这样评《水浒》的：

……他们的旗帜是"替天行道"。他们所反对的是奸臣，不是天子，他们所打劫的是平民，不是将相。李逵劫法场时，抡起板斧来排头砍去，而所砍的是看客。一部《水浒》，说得很分明：因为不反对天子，所以大军一到，便受招安，替国家打别的强盗——不"替天行道"的强盗去了。终于是奴才。

毛泽东在鲁迅评论的基础上，这样评价：

《水浒》这部书，好就好在投降。做反面教材，使人民都知道投降派。

《水浒》只反贪官，不反皇帝。屏晁盖于108人之外。宋江投降，搞修正主义，把晁的聚义厅改为忠义堂，让人招安了。……

这支农民起义队伍的领袖不好，投降。李逵、吴用、阮小二、阮小五、阮小七是好的，不愿意投降。鲁迅评《水浒》评得好，他说："一部《水浒》，说得很分明：因为不反对天子，所以大军一到，便受招安，替国家打别的强盗——不'替天行道'的强盗去了。终于是奴

才。”（《三闲集·流氓的变迁》）

金圣叹把《水浒》砍掉了二十多回。砍掉了，不真实。鲁迅非常不满意金圣叹，专写了一篇评论金圣叹的文章《谈金圣叹》。

实际上，鲁迅和毛泽东的评价是一致的。

宋江把“聚义厅”改成了“忠义堂”，108将独把晁盖摈除在外。若从管理的角度来说，可以说是点到《水浒》的关键所在，如果用管理上的语言说，那就是，宋江一上台，就把企业文化和企业价值观给完全更改了。

晁盖可以说是梁山“公司”和梁山“企业文化”的创立者，他是这支农民起义军的领袖，其核心文化就是在“义”的大旗下招集各路兄弟来推翻皇帝的统治，所以企业字号是“聚义厅”，聚各路义士反皇帝，这就是其企业理念和企业理想。晁盖死后，宋江被推举为领袖，但很快把“聚义厅”改成了“忠义堂”，对谁忠？对皇帝忠。这个字号与后来宋江的推行的“招安”政策是一致的。这字号的改变，其本质就是企业理念、企业宗旨的改变，也是企业战略和企业目标的改变。

宋江在怒杀小情人阎婆惜之前，只是一个押司（县级的司法官员），职位并不高，但是他所处的位置是很有意思和矛盾的，他是一个司法官员，接受的是正统的儒家教育和司法的职务培训；另外，他又是刀斩阎婆惜的凶手，触犯了刑律。所以在其身家性命将不保之际，迫不得已才投向了大宋国最大的反皇帝组织——梁山“聚义厅”。但实际上，宋江的骨子里，依然是个皇权的卫道士，他本质上是不会反对皇帝推翻大宋朝的，他只是不得已进了“聚义厅”的。

宋江成为梁山起义军领袖之后，就暴露出了他真实的面目，当李逵说“哥哥休说做梁山泊主，便做个大宋皇帝你也肯”时，宋江便要割了李逵的舌头。宋江做的第一件大事就是明确提出了梁山企业文化的“企业宗旨”和“企业目标”：只反贪官，不反皇帝。有朝一日，接受皇帝的“招安”，为大宋出力。所以，他将“聚义厅”改为“忠义堂”，张扬起“替天行道”的大旗。“天”，就是皇帝和皇权。宋江把原先的反皇帝的“义”的企业文化彻底地改为了为皇帝和皇权服务的企业文化。梁山的108将，是对应于天上的108颗星星，无论活的或战死的都可以列入其中，但唯独把梁山的创建者晁盖排除在外，彻底否定了晁盖制订的企业文化。这之后，无论是攻打大名府、东平府，还是夜闹东京、三败高太尉、大胜童贯军，无非是造声势，为后来的“招安”制造铺垫和抬高价码而已。

大宋皇帝徽宗虽说文采横溢，但没有将才华用于国家治理，反任凭蔡京、高逑等结党营私、徇私舞弊、贪官污吏遍地、饿殍遍野，民不聊生。徽宗皇帝对此视若无睹，反而莺歌燕舞、夜夜笙歌，阅尽三宫六院，暗通风流花魁。宋江通过大宋国皇帝的“情人”李师师的穿针引线，使梁山的企业文化终于被徽宗皇帝所了解：“哦，梁山反的不是我。既然如此，就‘招安’吧!”但是，反贪官还是不行，去镇压其他农民起义军吧！于是，梁山好汉们在皇帝的授命下，去镇压淮西王庆、河北田虎、浙江方腊，大批梁山好汉死在疆场。

宋江直到被皇帝赐死命丧蓼儿洼的时候，他可能还不明白，他的企业文化是行不通的！不仅皇帝不能反，贪官也不能反。很多梁山好汉实际上反对宋江的“招安”政策的，所以宋江害怕李逵闹事，在自己死前，赐其毒酒陪葬了。

宋江的企业文化和其团队是失败的、悲剧性的结果，而形成鲜明对比的是《西游记》里唐僧的团队是成功的、完满的结局。

有不少的经管类书籍的作者提倡学宋江的管理模式、学习宋江如何用人、宋江如何管理108将等，一个企业的企业文化都是错误的，哪里还有什么成功的管理可言呢？放着成功的《西游记》里的唐僧不学，哪有学习失败的《水浒》里的宋江的道理呢？

唐僧团队的成功，归结于唐僧制订的一成不变的企业文化和好的管理；宋江的失败就败在不成功的企业文化和投降招安政策。从管理学角度来说，唐僧是成功的职业经理人，他的成功有其值得借鉴学习的地方，这就是我们要跟唐僧学管理的原因。

第三节　对《西游记》的其他解读

让我们来看看对《西游记》的其他解读吧，妙法老和尚传说中是这样对《西游记》进行解读的：

我觉得一个懂得佛法的人，应当这样理解《西游记》：唐僧原来讲的是自己修自己的小乘佛法，不能成就无上菩提。所以观世音菩萨化现成一个老和尚，指点唐僧去西方拜见佛祖，求取大乘经典。西天取经的路实际上就是唐僧自度度人的修行之路。而修行之路不是平坦的，充满了艰难险阻。

唐僧的三个追随者，实际上集中体现了众生"贪"、"嗔"、"痴"三种恶习。猪八戒代表贪欲重的人，贪财、贪色、贪名、贪利、贪吃、贪睡……所以给他取名八戒，意思是只有守戒才能熄灭贪欲，只有守戒才能获得智慧，所以叫悟能。孙悟空代表那些有本事、有能力但脾气大的人。取名悟空，就是告诉这些人要知道一切无常、万法皆空的道理。而沙悟净是指那些生性憨厚的"老实人"，因为不明白佛法，造下了杀生吃肉的罪业（他曾在流沙河吃人为生），取名悟净是要他修净行，要想出离三界必须慈悲不杀。而身为师父的唐僧，四大皆空，不被财色名利所吸引，在生死存亡之际视死如归，宁向西方一步死，不向东土一步生。他在悟空破杀戒不听教诲的时候念紧箍咒，意味着用戒律来约束他，令他改邪归正。

唐僧不会腾云驾雾，不会变化，只知一心念佛，表明修行的目的不是为了有神通。你看神通广大的孙猴子，在妖怪的神通大于他的时候，不是也束手无策吗？然而邪不压正的，在一心念佛的唐僧有生命危险时，观世音菩萨一定会逢凶化吉，助唐僧遇难呈祥。再说，那些猴子对付不了的妖怪，多是哪位圣人的侍者或坐骑之类跑下来作怪的，这应当理解成菩萨、仙人为帮助唐僧早证圣果，有意制造的障碍。一切是考验，看你怎么办。唐僧在生死攸关的时候，从来都没有怪过观世音菩萨让他取经啊！

孙悟空一个筋斗十万八千里，却出不了如来佛的手心。如果佛想把大乘经典交给唐僧那还不是轻而易举的事，或者由孙悟空去取不就省事了吗？所以，这部《西游记》是告诉我们修行的艰难。在每一个学佛团体里，都会有各种各样的人在求佛道。佛教的团体就是个大熔炉，兼收并蓄。佛法是至刚的，无坚不摧；佛法是至柔的，无往不利。只要大家秉持修行的正念，就可共图大业。所以在经历了千难万险之后，师徒四人终于拜见了佛祖。然而在去藏经阁取经书时又遇到了障碍，这实际上是说只要未成佛，就会有无明，也是说只有舍，才有得。

归来途中，所有佛经都掉进了水里，最后只剩下“南无阿弥陀佛”六个字。佛在《金刚经》里也曾说过“若人言如来有所说法，即为谤佛”，同时也是说到了末法的后期，从《楞严经》开始，所有经书的文字都会逐渐消失，最后只剩下“南无阿弥陀佛”六个字。

而在《贡唐仓仁波切开示录》中，高僧是如此解读《西游记》的：

皈依是入佛道之门，但不是敲门砖，入了门就可以丢弃。皈依法是佛法的根本大法，贯穿着觉悟成佛的全过程。大家读过《西游记》，这一点在《西游记》上说得很清楚。《西游记》以玄奘取经的真实故事为比喻，描述了皈依修行悟道成佛的全过程。大家可以想一想，观世音菩萨为唐僧选的三个徒弟的名字上，都加着一个“悟”字，悟是什么意思呢？悟就是心灵实践，或者叫做“修证”、“体证”等。三个徒弟显然是佛法的比喻形象：“悟空”是对皈依佛的暗示；“悟能”是对皈依法的暗示；“悟净”是对皈依僧的暗示。

皈依佛就要“悟”空，进行“空”的实践，但是人的思想被各种无明烦恼所占据，像猴子一样一刻也不能安静。它头上的紧箍咒，也叫“定心真言”，唐僧念了一路，一直到西天才得以消失。孙悟空的“大圣”本领，则是人的智慧本心的象征。

皈依法就要持戒。“悟能”的另外一个名字叫“八戒”。没有戒律就没有佛法，佛法能寓于持戒之中。守戒即是悟能。小说把“悟能”设计成猪，代表人的愚昧无知和贪欲。

悟净是僧人的形象，净是悟空、悟能的结果。佛说：“随其心净，即佛土净。”

作为师父的三藏法师，是本具佛性的肉眼凡胎的众生代表。他有慈悲心，但是却识别不了妖魔。三个徒弟都可以腾云驾雾，唯独他不能。通往西天的遥远路程，他要一步一步地走下去，他必须在九九八十一难的各种困境和魔障的生死搏斗中与悟空、悟能、悟净，最后修成正果。这一点象征意义非常重要。九九八十一难中的妖魔鬼怪不是别人，正是自己，是自己的心。那些妖魔鬼怪不约而同地要吃唐僧肉，是比喻贪欲妄念对自己身心的损害。心生，种种魔生，心灭，种种魔灭。一个人的最大的敌人的确是自己。

唐代把解释佛经的文字和图画叫做“经变”，《西游记》是一部天才的、十分严肃的“经变”巨著。三个徒弟跟随三藏法师一起到达西天，是对三皈依的正确演绎。

我们把上述两篇文章引用在这里，除了其对《西游记》独到理解对我们有所帮助外，更重要的是，都揭示了一个重要的道理：理念与践行统一的重要。

那么我们是如何解读的呢？

八戒其实是一戒没戒，贪吃好色，违背教义。悟空是两次离开公司，一次炒唐僧鱿鱼，一次打白骨精后被炒。为什么不开除八戒而开除悟空？因为唐僧的理念是普度众生，杀生违背理念与核心价值。唐僧的价值观决定了他不能轻易地“开除”员工，因为如果连“员工”“弟子”都不能度，那又如何度他人？所以除非是员工已经侵害了他人的生命。唐僧开除孙悟空是因为误认为孙悟空杀生，违背了核心价值，当然这是唐僧的错、是唐僧的误判。

唐僧的徒弟是些什么人呢？三个徒弟包括白龙马都是“刑满释放人员”，他们的归顺恰恰体现了“放下屠刀、立地成佛”的佛教理念。如果连徒弟都不能“整合”，那么佛教的“普度众生”的理念就是空话。所以唐僧对其徒弟、对其团队的整合与其核心价值理念是一致的。这正是唐僧的伟大所在，也是其核心价值的体现。

第四节　管理的核心是什么

说到管理，每一个实际经营过、管理过公司的经理和企业家都会发现，管理的范围实在是很广。企业的定位，产品设计更新，人事，企业组织与制度，市场开拓与销售管理，等等都是管理的范畴内的。要想用不多的文字把管理讲清楚并且对读者在实际的经营和管理中能有所帮助，那么除了围绕管理的实质说开去，是没有其他更合适的方式的。

什么是管理的实质？前面已经提到过企业文化是管理的核心，那么读者就先暂且接受这个观点，相信等到读完本书的时候，自然会对管理和企业文化有更新的认识的。

第二章

公司的本质：法律的视角

这却是无故伤人的性命，如何做得和尚？出家人“扫地恐伤蝼蚁命，爱惜飞蛾纱罩灯”。我这出家人，宁死绝不敢行凶。

——唐僧，第十四回

唐僧师徒四人去西天取经，但他们四人各自对去西天取经的认识是各不相同的，并且徒弟们在西去路上的前后认识也是有变化的。

创业者在经营公司之初对公司的理解与经营成熟公司对公司的理解也是不一样的，这其实就是对公司的本质理解不同的问题。经营者对公司的本质的理解最终必然将落在企业文化上，正如唐僧师徒四人去西天取经，不管他们开始初衷如何，最终必然将西天取经的意义落在“普度众生”的核心理念之上。

创业的人开始经营自己的公司，觉得经营公司最主要就是赚钱，这话听起来似乎是这么个道理，但事实却比这要复杂很多。创业者一旦把公司实际经营起来，就会发现经营一个公司要面对的问题实在是太多太多了。

公司，问题太多了，从何谈起？

从管理角度，从职业经理人看来，企业的一切问题都是战略绩效问题。

从资本角度，从投资者看来，企业的一切问题都是财务问题。

从法律角度、从社会看来，企业的一切问题都是法律问题。

第一节　企业生存环境

法，定义了企业的边界和约束条件：

在企业的外部，法就是企业的生存环境，对于政府和社会来说，就是创业环境和政策、投资环境和政策。体现在地方政府和社会的制度建设上、体现在与企业的关系上；

在企业的内部，法就是企业的法人治理结构，就是企业的边界，就是合同和契约。

任何企业的生存都不是在真空中的，企业都是在现实的环境中生存，必然受到生存环境的制约。

企业的生存受到两方面约束：

一是看不见的手：市场。

一是看得见的政府：法律、制度和税收。

市场本身也受政府的约束，无论是国内市场还是国际市场。但并不能说，法律和制度（包括文化）是企业外界约束的最终原因。因为在最严厉的约束制度下和在最宽松的条件下企业都会受经济规律的约束。

了解企业存在所受的约束是很重要的，主要有以下几个方面：

一是非垄断的所有企业都要受到市场的约束，学会如何在市场环境下经营是每个企业的生存必需。

二是，任何市场都会受政府的约束，因此行业门槛、政府关系、行业标准等就显得格外重要，不管你是否喜欢，你不得不承认“关系”在做生意中是非常重要的，而这关系很大程度上就是政府关系。三是法律问题。诺贝尔经济学奖获得者科斯指出企业的边界与法律和成本有关，而企业的成长和利润往往都是这些边界上，在公司扩张情况下，其边界往往会触碰到法律的边界，这是每个企业家都必须正确面对的。四是税收。税收是企业与政府之间利益关系的一种体现，同时企业的各种税又体现了一种法律关系和契约关系（企业与政府之间的契约）。

创业者、经营公司的管理者都必须了解企业的边界，而了解企业的边界必须从了解契约文化开始。

第二节　契约文化

“约”文化已经有大约4000多年的悠久历史。早在公元前2100年就有《乌尔纳木法典》，公元前1752年有《汉谟拉比法典》。在《旧约》中摩西出埃及时与上帝订立“圣约”，即所谓“十诫”，存放于“约柜”之中，基督徒就是建立了与上帝之间的一种“约”，旧约和新约。其他的，如婚约、《社会契约论》、人权宣言、独立宣言等无不体现了一种契约文化，比如社会契约论就认为政府是在“主权在民”的前提下与人民签订了契约以代为行使和保障人民的天赋权利。

同样，在公司中，公正和信用是“约”文化的基石，公司的规章制度、公司治理和薪酬体系等就是这种“约”的表现形式。

“契约理论”下的公司与社会形成互补，避免社会型公司和人身依附现象出现。东方的“契约”与西方的“契约”往往有很大的不同。员工与公司签订劳动合同，仅仅是在规定的劳动时间内将员工的劳动“出售”给企业以换取相应的劳动报酬。在劳动时间以外，员工的时间是自由的。员工在劳动时间内由“契约”约束（即劳动合同），在劳动时间以外则归属于社会和家庭。这样，一个人就有了两种归属：一是工作归属，一是社会归属，在西方，企业归属与社会归属大体来说是分离的，避免了人身依附。事实上，即使是企业的老板或股东，当他也在公司里工作的时候，他同样也受制于一种“契约”——与企业法人之间的“约”，企业老板对企业负责转而对自己的投资负责、对自己负责。所以任何一个企业的老板在经营上绝不是可以随心所欲的，原因就是他与企业法人之间存在一种“约”，他是企业的法人代表，这就是一种法律关系、一种契约关系。

在传统的东方，人的工作属性与社会属性是没有完全分离的，这与东方的社会形态不发达有关，也与人的生存方式有关。日本和韩国的很多家族式企业就广泛存在着人身依附现象，比如堤义明的父亲去世时，企业集团上下高管自愿地轮流为堤康次郎守孝，时间长达三年。你可以把这种现象称为一种“归属感”，但无法否认这是一种人身依附现象。

契约理论除了规范员工与企业之间的角色定位外，对企业的成长和企业的形态具有重要意义。契约理论是目前公司理论的基础。虚拟企业、流体组织等，其理论基础都是契约理论。外包或 OEM 是以什么为基础的？契约理论；像耐克这样生产在外、抓设计和销售的虚拟公司是以什么为基础的？契约理论；迅速扩张的直销企业是以什么为基础的？契约理论；加盟连锁企业是以什么为基础的？契约理论；产品的代理制是以什么为基础的？契约理论。分工协作、强化竞争优势、借助外部资金和资源迅速扩张、虚拟企业、直销传销、外包 OEM 等，这些所有的新型企业形态的基础都是“契约”，他们之间是一种合同关系、是一种法律关系，更是一种优化了的产业链利益关系。

绩效管理在公司理论中也是以契约理论为基础的。对员工的考评，一是必须完善和规范责、权、利；二是必须规范和明确公司规章制度。

企业内部和外部关系（员工与企业、企业和企业）是一种契约关系、法律关系。虚拟企业、代理、加盟等都是建立在契约理论基础之上、建立在西方约文化基础之上的。西方的经理人制度（代理理论）也是建立在契约理论上的。

契约理论不只是作用于员工与企业，更延伸到企业与企业。比如超市中的商场与供货方之间的关系、百货商店里商店与化妆品柜台之间的关系、加盟盟主与加盟方之间的关系等。

如果不把契约理论理解透彻，绩效管理的精髓就难以掌握，同样企业的迅速扩张和成长也就难以进行。

契约文化与中国的传统文化有很大的差异，应考虑本土文化的影响，在人情世界与契约文化中寻找平衡。

第三节 企业的本质与企业的边界

在经济学上，生产者也叫厂商、也就是企业、或叫公司，是能够作出独立的生产决策的经济单位。经济学上的称呼有很多，厂商、企业、公司等，其实都是一个意思。在经济学上，农场、工厂、汽车客运公司、律师事务所等都是厂商。厂商（firm）是指能够独立做出生产决策的经济单位，是生产的组织者。厂商通过生产决策将一定量的生产要素投入到生产中，生产出市场需要的商品或劳务，通过销售商品或提供服务来达到其赢利的目的。厂商可以是生产产品的企业，也可以是提供服务的企业，因此像工厂、农场、银行、医院、学校都是厂商。实际上，作为一种经济决策单位，除了消费者与政府以外，其余的经济组织都是厂商。经济学上的厂商与现实中的厂商和公司不是一个概念，比如学校在现实中就不是一个厂商，但在经济学中就是一个厂商。

从现代经济学的角度来分析企业的本质，是科斯。他因为研究企业本质等方面的课题而获得诺贝尔经济学奖。科斯认为公司的边界在市场的交易成本和内部的交易成本的平衡点。什么意思呢？其实就是说，真实的公司会寻找到一个平衡点，而这个平衡点是以交易费用为考察标准的。如果一个企业太大，那么其内部交易成本就会很大，就会选择一部分交易让市场来进行，这样一个公司大到一定程度后就无法再扩张了。另外，当一个小公司在运营的时候，如果外部市场的费用高于企业内部的运营费用，那么这个小公司就会招聘员工来完成，从而实现了公司的扩张。

举个例子。比如公司需要经常打印文件资料，可以有两个选择，一是请外面的打印复印店来进行，就是把工作交给市场，还有一种选择是招聘打字员来完成。最后起决定作用的是成本，哪个选择更划算就选哪个。

科斯在1937年写了一篇论文：《公司的本质》，认为公司的边界在企业的内部交易成本与外部交易成本平衡的地方。而企业规模和边界的设定就是内部管理成本与外部交易费用平衡的结果。

1969年张五常问科斯这样一个问题："如果一个果园的老板用合同去聘请一个蜂农用蜜蜂来传播花粉，增加了果园的产量，那么这个果园的老板和这个蜂农是一家公司还是两家公司?"对这个问题的深刻理解就会熟练地运用科斯理论、运用契约（合同）来实现公司的扩张。所以说，契约理论不但作用于企业与个人，也延伸到了企业与企业，被广泛运用于企业的扩展：加盟连锁、代理、虚拟企业、OEM外包、直销等。

科斯毕业于伦敦经济学院，21岁到美国游学一年，其间在芝加哥大学旁听了奈特课，若有所悟，写了一篇6年后（1937）发表、40年后才被重视的关于公司的本质的文章。1991年获诺贝尔奖时，《公司的本质》是被提及的他的两篇论文之一。在演说中，科斯说："在80多岁因为20多岁时写的文章而获奖，是奇异的感受。"科斯在《公司的本质》里阐明：企业规模和边界的设定就是内部管理成本与外部交易费用平衡的结果。

说得通俗一些，就是：什么业务自己做，什么业务外包给别人做，是关乎企业生存的基本问题。如果一个业务既可以在企业内部完成，也可以在市场上购买类似的产品或服务（外包给别人），那么如何选择就是要比较内部的管理成本和外部的交易费用。这种比较决定了企业的规模和边界。

科斯认为，市场的交易是要付出代价的，这种代价就是交易费用，包括用以寻找合适的买家和卖家、获得及时充分信息的费用、制订与履行合同保证交易可以稳定进行的费用等。另一位诺贝尔经济学奖获得者斯蒂格里茨把市场交易费用比作自然界中的"摩擦力"，要想使市场交易的效率更高，就要尽量减小"摩擦力"。对于企业来说，外部交易越多，交易的费用越高。

另外，建立一个公司或组织，通过行政权力来支配资源，可以节省部分市场交易费用。当市场的不确定性增大导致市场交易费用升高时，企业组织无疑具有比较优势。对于这种替代，著名经济学家张五常的解释是："企业的出现并不意味着市场失灵，不能说厂商制度取代了价格制度，只能说是一种市场取代了另一种市场。两者的区别仅在于，价格信号由市场交易中的产品价格变成了企业中的生产要素即投入品价格。"当企业支配的资源越来越多的时候，企业的规模就越来越大，管理的成本也就越来越高，对员工的监督越来越困难，内部信息的传送越来越不通畅，对市场信号的反应也越来越慢，等等。企业的管理成本同样可以看成是企业组织内部的一种"摩擦力"。因此，如果从成本的角度考虑，企业规模和边界的设定就是内部管理成本与外部交易费用平衡的结果。

"专注于自己最擅长的，然后购买最擅长的公司提供的专业服务"，这显然有利于细化专业分工，而分工越细密，意味着产业的发展水平越高。可以断言，存在着大量小而全的企业的产业一定是一个发展水平很低的产业。

我们在这里不是要去解决什么是公司这样一个问题，而是希望通过理解企业的边界这个问题提醒大家对赢利模式的关注，因为企业的赢利模式与企业的边界紧密相关。当你的思维固化在传统的公司的概念之上的时候，你的赢利手段也就已经被缚住了手脚。

事实上，了解科斯的企业的边界理论对白手起家的创业者来说是非常重要的。

公司经营的本质就是尽量地减少开支、更多地赚取利润，也就是开源和节流，而用管理学的话来说就是降低成本、增加利润空间。而要做到这一点，就必须强化自身的核心竞争力，也就是精准定位，只做自己最擅长的而把其余的交给他人去做。

所以说，企业的边界理论，与定位和战略、与企业的核心竞争力、与分工合作和外包，在本质上都是一回事。

在现代社会，很多成功的企业家都不是依赖和集成家族企业的成功，甚至有很多是白手起家成长起来的，而对于一个创业者来说，了解和深刻理解企业的边界理论是非常重要的。

第四节　法人治理

很多创业者和企业管理者对法人治理不重视，而根据经验，因为矛盾而导致股东分家、公司分裂往往伴随着法人治理的失败。

目前法人治理问题比较少地被关注，更多的人关注相关的激励机制、人力资源等问题，但事实上，很多相关的问题都是表面的，深层的问题都是法人治理结构问题。核心员工留不住，什么问题？法人治理结构中的激励机制问题；股东之间矛盾多，什么问题？法人治理结构问题；家族式企业里创业元老的能力与股份之间的矛盾，什么问题？法人治理结构问题；家族和私营企业里的个人财产与企业财产不分而导致经营上矛盾重重，什么问题？法人治理结构问题；并购重组后领导班子存在矛盾，什么问题？法人治理结构问题；集团管控下的分公司、子公司的分权集权矛盾，责权利不清，什么问题？法人治理结构问题……

可以这样说，很多的是属于法人治理结构存在的问题，被表面化，问题处理往往治标不治本，法人治理问题尽管不是所有问题的根结，但确实是很多存在的问题的根本所在。

我们举几个例子。两个以上的股东共同组建了一个公司，假设法人代表（大股东，兼公司实际的运营和管理者）个人消费了一笔，比如用于餐费、购置家具电器等，只要这笔费用是用来支付个人消费的，并且是由公司财务报销，那么他的行为就是职务侵占，与盗窃没有什么区别，因为他个人消费的款项是由全体股东来承担的。这里牵涉到的就是属于法人治理的问题，当然是法人治理的一个方面。

再比如有三个朋友一起办公司，其中甲掌握着市场资源，但出资极少，以市场入股；乙是最主要出资方，几乎资本金全部都是由他出的，但却几乎不过问公司管理；而丙则管理公司，负责日常行政工作。时间一长、公司有了起色，大家开始心里不平衡了，矛盾开始出现。甲觉得市场最重要，市场为王；乙觉得企业成功来源于投资，而投资都是自己的；丙又觉得企业的成功来自于自己成功的管理。这个公司遇到的问题就是股东之间的矛盾问题，就是法人治理结构问题。

再比如，几个朋友一起创业，后来因为理念、分配等原因而造成公司管理混乱，该如何解决？一个家族式企业在成长发展中遇到瓶颈，想摆脱家族模式，是否应该改变家族模式以及如何变革，问题如何解决？一个人创办的企业已经有了一定的规模，希望发展壮大，该如何股权激励呢？这些都牵涉到法人治理的问题。

什么是法人治理结构？法人治理结构也称为公司治理结构（或企业治理结构）。有人认为法人治理结构是一种对公司进行管理和控制的体系，是指由所有者、董事会和高级执行人员即高级经理三者组成的一种组织结构。这个定义和理解是片面的。

法人治理结构是一种法律框架，而非简单的组织机构。治理结构原来是法律用语，意为公司权力机关的设置、运行及权力机关之间的法权关系。外部的市场是一套治理市场交易关系的机制，企业内部则是一套治理企业交易关系的机制，这套内部的机制、法权关系就是法人治理结构。

一个成功的法人治理结构主要包含哪些呢？主要有：完善的法人财产制度、清晰的法人治理组织架构、规范了议事规则的公司章程、在公司章程框架下的公司规章制度。除了这些以外，产权激励也是非常重要的。具体地说，完善的企业内部治理结构包括：股东会、董事会、监事会、总经理、公司章程、分配制度和企业规章制度等。

法人治理具有以下特征：

（1）产权的明晰：私人财产与企业财产的明晰。对私营企业和股份制企业，要明晰私人财产和企业财产。对企业财产要定义边界。

（2）产权的人格化：法人资产（财产）制度。企业法人代表或法定代表人是人，但法人不是个人（法人代表是个人），法人是独立了的、人格化了的资本和企业。

（3）企业内部治理结构：所有权与经营权的分离。

（4）产权激励：经营者分享股权。

现代企业制度最具有革命意义的是通过产权的重新界定建立起法人资产制度，它使所有权与控制权分离，从一种管理方式上升为一种法律制度。

法人资产制度具有以下特征：

①企业必须具有独立的法人资格。

②出资人承担有限责任。

③股票自由让渡。

④界定经营者与公司之间的关系。

⑤合理有效的保护所有权约束。一是鼓动通过在股东大会上用手投票和在资本市场上用脚投票，二是公司法人机构对公司高层经理人员施加法人财产权约束，以确保公司的长期稳定发展。

⑥要有一支高素质的企业家队伍。

⑦必要的外部约束。一是产品市场、资本市场和经理市场的有效竞争对公司经营者行为的约束，二是完善法律体系，优化法律对公司经营者的行为约束。

在法人治理结构中，我们特别强调一下股权激励问题。股权激励问题主要产生在股东、经营者、利益相关者和员工中间，主要问题是股权分配与股权激励。在企业发展过程中，特别是企业从小到大的发展过程中，如何解决核心员工稳定性问题是至关重要的。这里可以提到一个“墙倒屋不塌”的原理。

“墙倒屋不塌”是中国古典建筑的特征和对世界建筑的贡献。梁思成在他的建筑学著作中就提出了中国古典建筑的“墙倒屋不塌”的原理。中国古典建筑中，无论是亭、台、楼、阁还是普通房屋，都是采用了相同的结构形式，就是梁柱承重结构，就是说墙可以倒，但主体结构不会倒，强是不承重的。把这个中国古典建筑学上的原理，墙倒屋不塌，运用在管理中，就是要在公司管理中，在核心员工、利益相关者、股东、经营管理层之间建立其区分明确的梁柱承重结构和不承重结构的差别性，以确保公司的稳定性。

第三章

公司的本质：组织和绩效的视角

第一节 组织

企业的组织结构决定了企业的发展方式。企业的问题是相互牵连的、循环的、有内在逻辑的（比如按平衡计分卡对企业的理解，见下图）。除了市场和营销问题以外，有一个重要的环节，它的形态决定了企业的发展路径、发展速度和规模，这就是——企业的组织结构。因此对一个企业管理者来说，必须重视企业的组织结构。

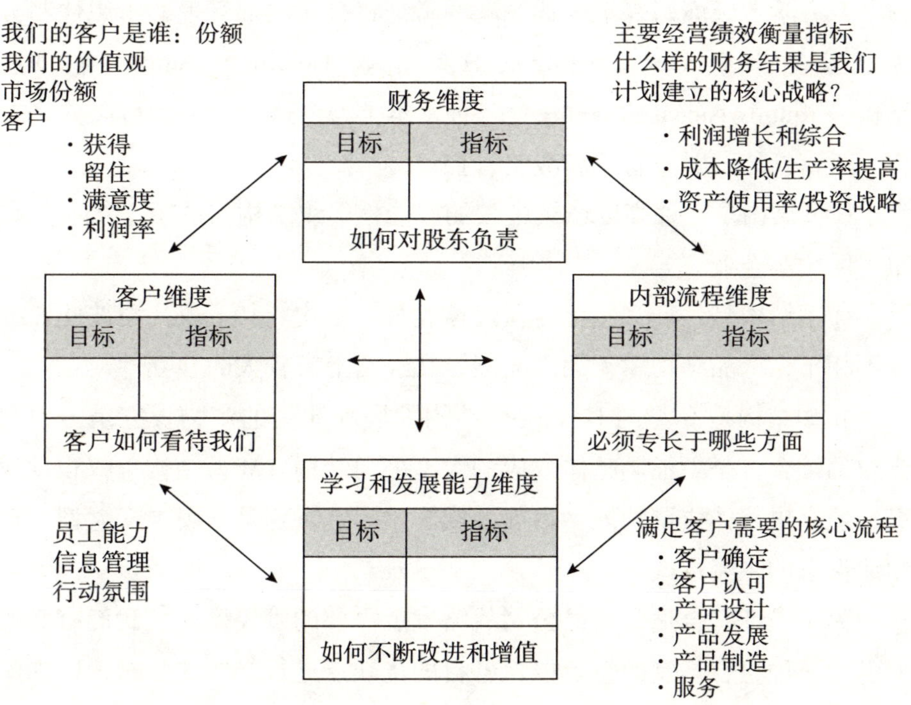

第二节 三种常见的组织结构

有三种常见的集团组织管控模式：

（1）运营管控型：集团总部为经营决策中心和目标管理中心，以对企业资源的集中控制和管理，以追求企业的经营活动的统一和优化为目标，直接管理集团的生产活动。

（2）财务管控型：集团总部为投资中心，以追求资本价值最大化为目标，管理方式以财务指标考核和控制为主。

（3）战略管控型：集团总部是战略决策中心和投资决策中心，以追求集团公司总体战略控制和协同效应的培育为目标，管理方式通过战略规划和业务计划体系进行管理。

西方学者威廉姆森根据钱德勒的考证将公司内部管理的组织体制分为U型结构（Unitary Structure）、H型结构（Holding Structure）和M型结构（Multidivisional Structure）三种基本类型，这三种类型可以分别对应于运营管控、财务管控和战略管控。

U型结构是一种高度继续集权的职能性组织结构，适用于产业比较单一的中小企业。

H型结构是一种多元化经营的控股公司结构。其下属公司彼此业务互不相干，产品结构属无关产品型，在经营上有较大的独立性。

M型结构是U型与H型两种结构发展和演变的产物。它是分权与集权的结合，是更强调整体效应的大型公司结构。M型结构集权程度较高，但突出整体协调功能。目前已成为国际上特别是欧美国家大型公司组织形态的主流形式。

为了设计符合适合自己公司战略发展需要的管控模式，我们有必要对上述三种组合体制的特点以及各自的优缺点进行必要的分析，以加深对公司管控模式的理解。

U 型模式

U 型模式的主要特点：

①U 型模式与传统组织结构中的直线职能结构相似。

②U 型模式分为三个层次：决策层、职能参谋层和生产执行层。U 型控股公司中的执行层由子公司组成。

③子公司权利较小，在财务上没有独立性，在经营管理方面没有自主权。

④由于集权程度高，母公司的战略决策可以在子公司中有效地贯彻执行，有利于进行有效的管理和控制，组织效率较高。

⑤但是，由于所有子公司都在同一层次上，如果子公司数量过多，必然会造成管理幅度过大，削弱管理的有效性。

⑥U 型模式的组织适合于规模小、产品品种少、生产连续性和专业性强的控股公司。

U 型模式的主要优点：

①有利于整个组织的人、财、物的统一分配和调度，可以最大限度地集中各种力量搞好组织的重点项目。

②集中统一制度，母公司的决策容易被贯彻执行。

③有利于提高母公司的决策能力和决策速度。

④可以提高整体竞争能力。

⑤各子公司虽然也进行利润核算，但因受母公司严格控制，实际上形成不了利润中心，防止了利润中心的彼此冲突。

U 型模式的主要缺点：

①难以进行多元化经营。

②由于职权集中，风险和责任也往往集中于母公司。

③公司高层人员陷于繁杂的事务之中，难以致力于公司长期发展规划和重大决策。

④不利于调动子公司在经营管理方面的积极性和主动性。

H型模式

H型模式的主要特点：

①H型母公司的组织结构与U型母子公司相似，但其职能层不具备战略控制功能，主要是对子公司的收益进行统计和监督；另外母公司并不持有被控股公司的全部股份。

②单纯的H型控股公司由于其职能层较弱，对子公司的控制权只能通过董事会来实施，所以是典型的纯粹型控股公司结构。

③母公司的主要权限包括：决定公司整体的经营目标、基本方针、长期计划和利润计划；拟订公司整体的资金计划和资金筹措；决定公司整体预算，审批一定限额以上的设备投资；制订和调整公司会计管理、成本计算、预算控制、内部审计的程序；确定公司人事管理的基本制度和原则；制订各子公司向总部的报告和请示制度；协调各子公司的关系，对各子公司的工作进行考核和评价等。

④子公司的主要职权包括：根据公司整体经营方针和长期经营计划要求，对本单位的生产技术活动进行全面的经营管理；采用各项措施，完成母公司给各单位规定的产量、产值、质量、成本和利润指标；编制本单位的预算、成本和利润计划；决定和调整某些产品的价格，制订产品的工艺计划和项目的施工计划；制订和执行设备的购买、维修和更新计划；决定属于本单位管辖范围的干部任免等。

⑤H型模式适应于纯粹资本经营型公司。

H型模式的主要优点：

①各子公司保持了较大的独立性，能在较大程度上调动子公司的积极性。

②投资方向灵活，经营领域较宽。

③以出资额为限负有限责任，进退自如。

④战略与经营决策完全分离。

⑤有利于企业上层领导从繁忙的日常业务中解脱出来，集中考虑企业的重大问题。

⑥有利于企业对经营环境的适应，实行小批量、多品种生产。

H 型模式的主要缺点：

①公司管理松散，难以有效地制定和实施公司整体发展战略，难以发挥公司间的协同效应。

②由于各子公司对于各自的收入有抢先占据的权利，它们往往为避免将利润交给母公司而过度地进行投资。

③战略层的母公司对子公司绩效的评价和监测能力有限，难以控制成本和利润。

④容易产生分散主义和本位主义，企业的人才、物资和设备调配困难，不能集中优势资源，甚至产生只顾眼前利益、忽略长远目标的倾向。

M 型模式

M 型就是事业部模式：

①财权的集中与授权。

②战略统筹决策。

③分散经营。

④目标管理。

⑤项目管理。

M 型模式的主要特点：

①M 型模式是集权管理与分权管理相结合的产物。

②M 型模式可以看作典型的事业部制的变形，分权程度较大，它通过划分事业部的形式，保证在子公司较多和母公司管理庞大的情况下，仍可以进行有效的控制。

③M 型公司结构由三个互相关联的层次组成：第一层次，由董事会和经理班子组成的总部是公司的最高决策层。它既不同于 U 型结构那样参与子公司的直接管理，也不同于 H 型结构那样基本上是一个空壳。它的主要职能一是战略研究，二是交易协调；第二层次，由职能部门和支持、服务部门组成。其中计划部门是公司战略研究的执行部门。财务部负责全公司的资金筹措、资金运用和税务安排，子公司财务只是一个相对独立的核算单位；第三层次，围绕公司的核心业务，建立互相依存又相互独立的子公司。子公司不是完整意义的利润中心，更不是投资中心，它本质上是一个在统一经营下承担某种产品或提供某种服务的生产或经营单位。子公司负责人是受母公司委托管理这部分资产或业务的代理人，而不是该公司自身利益的代表。

M 型模式适合于从事多元化经营的控股公司。

M 型模式的主要优点：

①实现了集权和分权的适度结合，既调动了各事业部发展的积极性，又能通过统一协调与管理有效制定与实施公司整体发展战略。

②日常经营决策交付各事业部、职能部门进行，与长期的战略性决策分离，这使得高层领导可以从繁杂的日常事务中解脱出来，有更多的时间、精力进行协调、评价和做出重大决策。

M 型模式的主要缺点：

由于管理层次增加，协调和信息传递困难加大，从而一定程度上增加了内部交易的费用。

第四章

公司的本质：财务的视角

听到创业者最多的一句话，或最大的顾虑就是资金问题。我们来假设一下，假如你现在已经拥有一家正在正常运营的公司，现金流正常，请问你需要资金吗？对这个问题的深入思考会涉及两个方面的问题：一是关于现金流的问题，另一个是关于企业设计问题，并且这两个问题是紧密相关的。

上面那个问题其实可以换一种提法。我们都知道，创业者刚开始踌躇满志地开始经营新公司的时候，与他经过两三年拼搏、走了很多弯路后将公司走上正轨的时候，在运营方式和管理上会是有很大不同的。在对资金理解上，创业者考虑的是需要多少启动资金，而在成熟企业的时候，即使一场天灾毁掉了公司，企业家也知道如何迅速地恢复起来。这两者的差别其实就是对公司的理解完全不同，本质上说就是对企业设计理解的不同。

如果你看那些成功商业人士的传记，或者看一看福布斯（Forbes）的富人排行榜，你会发现他们绝大多数是白手起家创业成功的。老洛克菲勒曾经说过这样的话，“如果把我剥得一文不名丢在沙漠的中央，只要一行驼队经过——我就可以重建整个王朝。”你可以把这段话理解成一种自信，但更应理解成为一种能力，一种能迅速恢复企业的经验和能力。

从财务角度我们给出的看法是：

①现金流比现金留存重要。

②资金周转率比利润率重要。

③股东价值比分红重要。

第一节 现金流比现金留存重要

第一次听到现金流这个词是在多年前一个风险投资会议上，风险投资家没有问你有多少积蓄或公司规模，而是问你的每月现金流是多少。一听到这个问题，产生的第一感觉就是问题好“毒”，问题直指公司核心。

同样，当你准备开始创业启动自己的公司的时候，你在关心启动资金多少的时候，更应先问这样一个问题：公司设计的现金流应该是多少，围绕这个现金流的规模如何组织相应的人力资源、物力条件和资金条件，以及市场上去实现这个现金流的手段和方法。

影响企业生存的财务上的主要原因就是财务困境：现金流不足以补偿现有债务及成本。现金流长期为负必然导致企业破产。W. T. 格兰特公司的破产就是一个经典案例。W. T. 格兰特公司是美国一家大型全国零售企业，1975 年宣布破产。就这次破产事件，许多人都觉得突然，因为单从财务上的损益表来看，W. T. 格兰特公司在宣告破产那一年是赢利的。W. T. 格兰特公司 1975 年破产，1974 年的营业净利润将近 1000 万美元，经营活动运营资金 2000 多万美元，银行贷款达六亿美元。事实上，W. T. 格兰特公司在破产前的五年时间里，其现金流都是负数，虽然有高额的利润，公司的现金不能支付巨额的生产性支出与债务费用，最后导致“成长性破产”。

加强现金流管理是企业生存的基本要求。每个企业都有其各自的不同发展阶段，其现金流的特征也都有所不同。因此根据其在不同阶段经营情况的特征，采取相对应有效现金流管理的措施，才能够保证企业的生存和正常的运营。否则就会对企业的生存带来致命的影响。

财务困境有两种：亏损型财务困境和赢利型财务困境。上面的 W. T. 格兰特公司的例子就是属于后者，赢利型财务困境，是“成长性破产”。所以对于企业来说，现金流比现金留存、比赢利或亏损更为重要。

第二节 资金周转率比利润率重要

资金周转率反映资金周转速度。企业资金（包括固定资金和流动资金）在生产经营过程中不间断地循环周转，从而使企业取得销售收入。企业用尽可能少的资金占用，取得尽可能多的销售收入，说明资金周转速度快，资金利用效果好。

有一句话，“三年不开张，开张吃三年”。那么在实际经营中，你是愿意选择三年一次的大买卖的暴发，还是选择一年一次的平稳呢？如果真的能有一次吃三年的大买卖，那确实很不错，但在生意越来越难做的时候，这种一下就能吃三年的大买卖往往是可遇不可求的事情，小概率事件并且风险也大。“开张吃三年”与“每年开张一次”，这两种情况的利润是一样的，但不同的是各种的利润率和资金周转率。

沃尔玛是非常成功的世界级超市，它成功的其中一个奥秘就是在比同行价格更低（意味着更少的利润率）的前提下拥有更高的资金周转率，从而获得了以年为单位的财务期内更高的利润。

20 世纪 80 年代，沃尔玛的资产周转率曾高达 4 ~ 5 倍，20 世纪 90 年代至 2000 年后渐趋稳定，大约在 3 倍左右。资产周转率，可将它拆开为“流动资产周转率”（营收 ÷ 流动资产）与“固定资产周转率”（营收 ÷ 固定资产）。沃尔玛的流动资产周转率在 2006 年从 2000 年前的 5 倍提高到 7 倍左右。

第三节　股东价值比分红重要

从财务角度来说，利润一直是企业运营的第一目的。一个公司在运营的时候，往往不会有单一的目标，比如自身的经济利益和社会效益或公共利益等。而这些利益在有冲突的时候，就需要企业有一个明确的考虑的优先级别。但无论如何，企业自身的利润往往总是排在第一位的。

这种情况一直没有改变，直到互联网时代的到来。很多先锋互联网公司的兴起都是借助于风险投资，在互联网爆炸般扩张的时代，跑马圈地迅速扩张是最先考虑的手段，而这往往意味着无法迅速地、短期内获得赢利，换句话说就是需要在相当长的时间里“烧钱”。亚马逊网上书店是1995年成立的，直到2001年才开始赢利，而到了2011年亚马逊公司市值超过了1000亿美元。毫无疑问，亚马逊公司全部的利润总和也不会达到1000亿美元，市值的超过就意味着对股东的投资回报要远远高于利润红利回报。

亚马逊的例子仅仅是众多互联网企业中的一个而已，但亚马逊的例子给我们带来了这样一个问题：如果利润不重要，那么什么是更重要的？

我们不能说利润不重要，而是说“利润最重要”这样的表述是不准确的。我们应该说“股东的价值最大化”是企业追求的目标。

第五章

企业设计：让我们从零开始

第一节　起步之前：创业者领导力是成功最重要的因素

什么是创业企业成功最重要的因素？是创业者的领导力。具体地说，就是以下这几点：

①立足于热爱的行业并是能够迅速成长的行业。

②有核心价值和核心竞争力。

③有企业愿景、战略目标及实现的方法和路径。

④有说服人的能力，有妥协的勇气，并有率领部下前进的能力。

领导力是企业成功的关键因素，因此将单独留在领导力章节中重点讨论。

第二节　新公司如何起步

诺贝尔经济学奖获得者约瑟夫·A. 熊彼特1942年在他的著作《资本主义、社会主义与民主》中这样写道：

> 在迥然不同于教科书所说的资本主义现实中，有价值的不是那种竞争（价格竞争），而是新商品、新技术、新供应来源、新组织形式的竞争，也就是占有成本上或质量上决定性优势的竞争，这种竞争打击的不是现有企业的利润边际和产量，而是它们的基础和它们的生命。这种竞争比其他竞争有大得多的效率，犹如炮轰和徒手攻击的比较。
>
> 在零售商例子中，重要的竞争不是由增加同类型的商店引起

的，而是来自百货店、连锁店、邮购商店和超级市场，这些商业机构迟早必然毁灭那些销路越来越窄的零售商店。

重要的不是价格竞争，而是经营模式的竞争，这如同“炮轰和徒手攻击的比较”。新的企业形式能产生更多的增值。一个新的企业创立之初，除了创业者自身的特质外，在客观因素方面没有什么比企业设计更重要的了，而企业转型、升级同样也依赖一个好的企业设计。而一个好的企业设计就能达到熊彼特所说的“炮轰和徒手攻击的比较”。

当你开始运营一家新公司的时候，会遇到方方面面的问题，把这些问题归纳一下，大致可分为经营与管理两大类。管理方面的问题涉及公司架构，而经营方面的问题就牵涉到市场与销售。也就是说，当一家新的公司准备启动的时候，第一步要做的事情就是公司设计（或企业设计）。见下图。

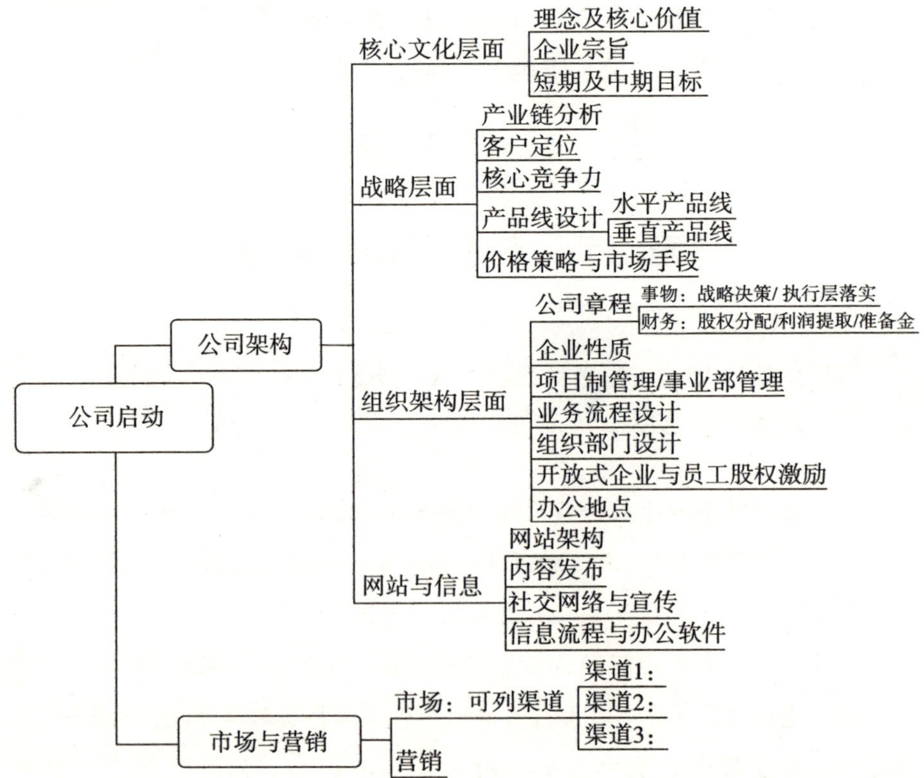

第三节　企业设计的思路

下面，我们来归纳一下企业设计的思路：

与企业诊断一样，针对企业设计，应该从产品入手，从产品和服务开始梳理。企业管理和经营是很复杂的事情，是一项系统工作，但是企业经营的目的也很简单，那就是赢利并实现企业愿景。当一家新公司准备经营的时候，它可以缺少很多东西，但有一样肯定是不能缺少的，那就是产品或服务。因此，企业设计的思路一定是从产品或服务入手的。

产品或服务的核心价值是什么？问这个问题是因为一般的产品或服务往往都不是简单的，其产品或服务往往带有集成的成分。为什么客户会购买这个产品或服务、这个产品或服务能在竞争中取胜的因素是什么，这些问题的答案就是回答了什么是产品或服务的核心价值。

产品或服务所在产业在产业链中的位置。搞清楚产品的核心价值后，紧接着就会遇到产品或服务在产业链中的地位。比如一家汽车生产商，轮胎可能不是其自行生产的，可能采用轮胎厂家成品，汽车音响也可能不是自行生产的，也会是采用专业厂家产品，而汽车所使用的各种钢材肯定也不是汽车厂家生产的，一定是采用钢铁生产商的产品，但是汽车的零售部分又可能是外包给品牌经销商的，所以这样分析下来，其在产业链中的位置就明显了。分析在产业链中的地位，可以清楚知道产业链的生态（也就是所谓业态），更可以了解产业链中各个环节的平均利润率、了解竞争对手的相关情况。

关于产品线，产品线是至关重要的。因为所有企业的最后利润来源都是客户的购买，购买的产品或服务，而任何一种产品或服务都针对特殊的群体、有明确的定位，因此若企业要想获得更多的利润、获得更多的客户，就需要提供定位有差异的产品或服务。对企业来说，由于各种成本往往趋于固定，因此增加一种产品或服务往往不会产生特别高的成本，而却会因为提供了新的产品和服务而产生利润，这就是一个企业需要建立起自己的产品线的原因。

大多数企业的产品或服务都不是单一的，就像一家面馆绝对不会只售卖一种肉丝面，因为只要对产品和服务稍加改变，就可以同时满足各种不同需求，分摊成本、扩大赢利点。随之而来的就是对产品线的归类。产品线分为横向产品线和纵向产品线：

（1）横向产品线：像面馆中的肉丝面、鸡蛋面、馄饨、水饺等就属于横向产品线。比如，可口可乐公司提供的纯净水、可乐、雪碧等不同饮料就是属于横向产品线。横向产品线往往是在一个产业链条中的一环，其核心价值往往在于产品和服务的差异化，通过品牌来提升价值。

（2）纵向产品线：像生猪屠宰、肉类加工、猪肉及肉馅销售、速冻水饺等，这就是纵向产品线。纵向产品线往往是一个产业链条中的几个环节，其核心优势在产业链整合、产业链集成会减少成本，但在产品上往往相当同质化，品牌往往局限于行业内部。

由产品及产品线向上梳理：梳理出核心价值、战略和企业价值观。在对产品的核心价值了解清楚之后，就应该向上梳理出企业的核心价值（注意企业核心价值与产品的核心价值有关系但却是不同的概念），进而梳理出战略、企业核心价值观。知道了自己企业的核心价值和产品的核心价值，就需要反复地强化这些核心价值，使之更强，这需要知道招聘什么样的人、用什么样的企业文化来强化这种核心优势等，而这一切就牵涉到了战略问题、核心价值观问题和愿景等。

由产品及产品线向下梳理：梳理出组织和流程。产品的核心优势不等于企业的核心优势，因为一个产品的优势往往会被组织、流程的低效侵蚀，从而丧失竞争优势。而一个企业的组织和流程往往是企业胜败的关键因素，因此找出符合自己企业、并强化产品优势的组织、流程是至关重要的。

什么是企业设计？企业设计就是从产品或服务入手，对企业的整体进行梳理，完成整个企业的框架。上面提到的过程完成了整个企业设计的流程。从产品和服务入手是最简洁明了的。如果从战略、从顶层设计来梳理企业，往往是空中楼阁；而如果从流程、组织来梳理企业，往往是与产品、与行业结合不紧密，导致脱离实际。

企业设计的最重要的六个问题：

①谁是你的目标客户，传统的还是新客户？

②你在产业链条中的位置？

③你的赢利模式是怎样的？

④你采用什么新技术来支撑赢利模式？

⑤你用什么样的组织架构和团队来支撑？

⑥你的资金结构、股份结构？

第四节　公司架构

假设我们现在要开始创业启动一个新公司，那么我们该如何做好公司设计呢？公司设计的流程，与当公司出现问题时对公司战略等进行梳理诊断时的流程、与公司企业再造时设计的流程，都是一样的。

公司设计，或公司的梳理，应该从产品和服务入手。公司生存的最重要的一件事情是什么？是客户。而正是产品和服务建立了公司到客户之间的桥梁。

从产品和服务入手，分开为两条路径：一是提炼出核心竞争力，随后提炼核心价值、核心文化层面，上达到战略层面。

另一路是从产品和服务入手，考虑行业的特殊性、产品和服务的流程，确定出相应的业务流程和组织架构。

在核心文化层面上，主要有这样一些：理念与核心价值、企业宗旨、短期及中期目标等。

在战略层面，主要有定位、经营模式、产品战略和市场战略等。

在组织层面，主要有法人治理结构、组织设定和流程等。

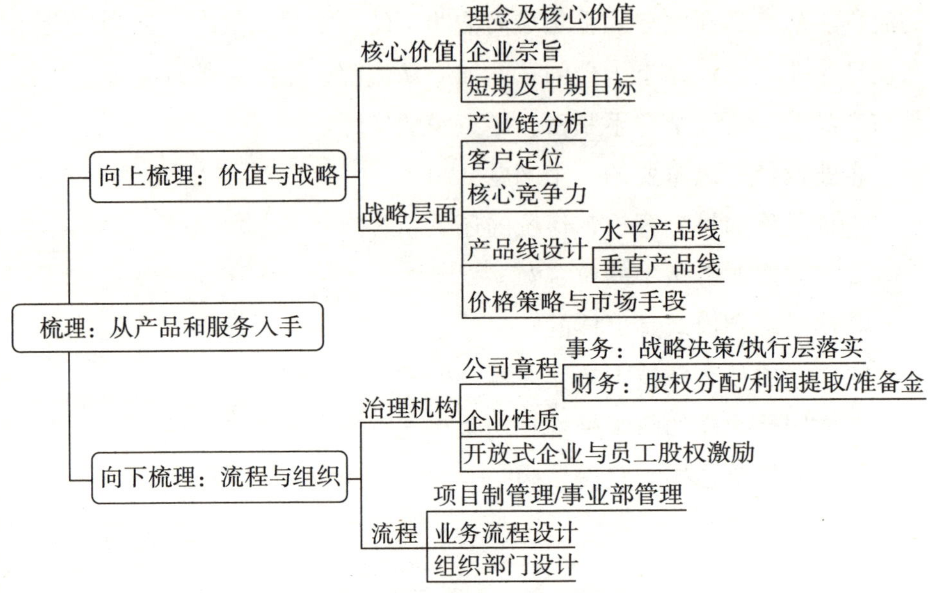

在网站与信息流方面，建立起包括企业物流、资金流、人力资源管理（人才流）和企业网站等在内的管理信息系统。

第五节　市场与营销体系建设

营销体系建设

我们结合多年实践经验，总结出营销体系建设的几个重要环节：

（1）营销战略：包括价值链分析、营销战略描述、营销战略落地。

（2）营销组织：包括营销组织改善、营销组织架构建设、营销组织职责、营销关键岗位定义。

（3）营销流程管理：包括营销流程分解、信息流程管理、业务流程管理。

（4）绩效考核：包括 KPI、人员招募培训、过程管理、考核晋升。

（5）营销财务管理：包括资金流（现金流）管理、非财务人员的财务管控、应收款控制、库存管理、营销费用管理。

卖场营销和卖场管理

目前流通领域竞争日益激烈，各项成本趋高，如何经营和管理大卖场成为很多商业流通企业最为关心的课题之一。比如：

①如何促销？

②如何定价？

③进货多了会积压、进货少了又丢单，如何解决？

④商品在卖场的空间摆放会影响销售吗？

⑤柜台的空间差异导致销售差异如何解决？

⑥如何提高单位面积的单日销售业绩？

⑦有的商品利润高，但销售慢；有的商品利润低，但销售很快，该如何进行商品组合？

⑧进了很多商品，销售周期又比较长，容易产生积压，利润无法及时统计，销售成本又高，该如何处理？

⑨促销时忙得很，客流很多，促销一结束，营业员比顾客还多，怎么办？

等等，这些问题都是所有卖场天天遇到的问题，而这些问题都需要专业的解决方案。

加盟体系建设

任何企业都有其边界，企业的扩张就是边界的扩张。企业的扩张是需要代价和时间的，那么如何在资金有限的前提下迅速扩大企业边界呢？加盟是一条非常好的道路。

加盟的本质之一，就是借助和利用他人的财力、物力、人力来进行自身企业的品牌和规模的扩张，就是盟主用加盟商的资源来完成自己的事业。

加盟的形成，需要构建两个环，这两个环的完整才能构建一个加盟的链条，两个环缺一不可。一个环就是盟主与加盟商之间的利益分割；第二个环就是经营模式必须让加盟商除了交纳加盟费以后依然能有较高的利润。没有第一个环，就没有加盟；没有第二个环，加盟要么是陷阱，要么就无法长久。

另一个本质是：加盟体系是建立在法律基础之上的，加盟体系就是合同体系。一个加盟体系的完善必须建立在加盟的法律文件的完善基础之上，没有完善的法律文件，加盟体系即使建立起来，也会坍塌。

加盟的商业模式必须具备比其他同等商业模式更高的利润，或者盟主要牺牲大部分利润让利给加盟商，否则无法支撑起加盟体系。

加盟体系的另一个本质是其品牌本质。没有品牌建设，就没有加盟体系的长久。

加盟体系的成败有一个很重要的因素，那就是核心竞争力的提炼与复制。要想建成一个成功的加盟体系，必须有一个样板店（或旗舰店），即使这样的样板只存在于书面方案之中，加盟体系的制定者也必须十分清楚这个加盟体系会员提供的服务的核心竞争力在哪里，并且这种核心竞争力服务和产品定位的人群和区域内是能超越地域和文化的。也就是说，肯德基麦当劳的核心价值提炼能保证在所有地级市都能开设成功并实现赢利的可能性很大。另一方面的成功要素就是精确复制，也就是说，肯德基麦当劳能做到在任何两个店里买到的服务的差异尽量小。

一般来说，加盟体系的建设包括了以下这些内容：

①加盟商招募。

②加盟法律文件草拟。

③加盟体系框架建设。

④加盟体系 CI 统一设计。

⑤加盟体系管控。

下面我们列出一份教育行业的加盟方案框架。

第六节　一份商业教育的加盟方案

商业教育的特点

（1）阈值特性：商业教育赢利平衡点为一阈值（门槛），超过这个阈值的收费（收入）几乎全部是利润。对培训和教育来说，给一个人上课开班与给一群人上课开班的基本成本是几乎一样的。

（2）招生成本：商业教育的招生成本比较高，寻找好的招生渠道是赢利的关键。

（3）定价体系：市场对商业教育的定价非常敏感，会直接影响市场份额、招生人数和利润。合理利用定价可以使得利润最大化。

（4）商业教育的复制：

商业教育的复制应慎重，原因在于各地人文环境对同一种商业教育的产品（或服务）的认可程度是完全不一样的，对价格体系的接受程度也是完全不一样的。而这直接影响到利润、加盟体系的稳固等。

应界定复制什么、不复制什么。界定商业教育连锁的标准化边界。

教育加盟方案的模块化设计

教育加盟体系建设包含以下模块（按时间顺序）：

（1）旗舰店（样板学校）的规范化、标准化建设（即：商业教育连锁标准化建设）：

①学校规模标准（直接关系到盈亏平衡点）。

②招生规范。

③师资人力资源管理规范。

④教学规范。

⑤学生日常管理规范。

⑥财务规范。

（2）加盟体系的财务评估与测算：

①加盟体系战略下的加盟体系财务战略（所谓财务战略就是确保加盟体系正常运转、维持、发展而需要相应配套的财务运作的一整套原则和方法）。

②学校规模与盈亏平衡点分析。

③投入规模。

④产出回报分析。

⑤加盟店与盟主利益分配。

⑥（赢利平衡点、学校规模、投入规模、产出回报周期曲线、加盟店与盟主利益分配、加盟体系战略）。

（3）加盟体系战略设计：

①差异化战略、或总成本战略、市场领先战略等。

②与战略配套的核心价值体系。

③教育价值体系和企业文化。

④愿景与目标（短期、长期等）。

⑤与战略、价值体系相适应的品牌定位和价值（价格）定位。

（4）加盟体系文件：

①加盟体系战略愿景规划等。

②加盟体系项目计划书的财务分析（投入产出分析）。

③加盟合同书。

④加盟店标准化经营指导书。

（5）加盟店招募、体系建设、维护：

①渠道与市场。

②培训与精确复制。

③维护。

营销与广告评估

慧库一直致力于营销 ROI 的提升。

你在淘宝上开店，广告效果如何核算呢？是该继续投放广告、还是该撤，或者改变投放模式呢？

你购买了百度关键词和谷歌关键词广告，效果如何统计呢？

你在平面媒体或电视媒体上投放了大量广告，每年应该投放多大的广告额度，如何计算呢？

在西方的广告学理论和教科书中，广告宣传是不被认为可以直接提高营业额的，也就是说，现代西方广告学理论认为广告只是对企业形象和品牌产生影响而间接对营业额和业绩产生影响。现代西方广告学之所以有这样的观点，是因为在目前的广告学理论中没有一个数学模型建立起来用以描述广告对经营的作用。

但我们认为可以建立一个经验化的模型，在广告投入和经营业绩之间，通过模型能相当精确地来评估广告投入对经营的影响，从而达到广告成本最小化、利润最大化的目的。

这个思路同样适用于企业内部的营销人员的管理、营销团队的管理。对于企业而言，建立一个营销团队也是重要的任务之一，而如何准确地数字化评估这个销售团队的业绩也是一件很困难的事情。我们在分析企业成本、产品等诸多因素后，能提供准确的销售团队的评估指标，为企业决策提供直接的依据。也就是说，高于这个指标的，销售团队或团队中的个人就值得继续工作，反之，则这个团队或个人就没有继续工作的必要。总之，建立一个绩效考核的阈值（门槛），使之成为评估和淘汰的衡量指标。

定价策略与价格分析

企业产品和服务的定价是一门大学问。您企业的产品或服务定价仔细核算过吗？您知道如何定价吗？根据国外的一项调查，只有12%的企业认真研究过定价。国内的企业则更少！如果将产品的价格同样都仅仅提高1%，那么可口可乐公司的纯利润将增加6.4%、富士胶卷则增加16.7%、雀巢是17.5%、福特是26%、飞利浦是28.7%。价格上的1%的差异，对很多竞争激烈的大公司而言，就是巨额赢利和亏损的天壤之别。

定价的误区常常表现为以下观念：价格应该由市场来定、定价格应该与竞争对手保持一致、定价就是在成本上再加上一定的增值，等等。

一个企业的产品或服务的定价与产品或服务的增值有关，即与产品或服务的进价和售价有关、也与企业的设计产能和服务规模有关、与市场策略和营销模式有关、与企业利润有关。也就是说，当企业的竞争力缺乏的时候，简单的价格战就可以将企业打垮。

作为市场经济的基础，价格体系是最为重要的。在同等质量和服务情况下，价格的竞争往往决定了企业的成败。由于各个企业的规模、架构、文化、管理成本和运营成本的不同，导致了各个企业的产品（或服务）的单位成本是完全不同的。然而目前绝大多数企业在产品的价格体系中存在问题，各个企业的定价又往往跟随着其他同行的定价，并且对自己的产品的成本没有做精确的分析，特别是价格的变动对销售的影响和对竞争对手的影响，则企业更是没有做过精确分析。

我们可以通过专业的价格分析工具来实现对企业产品和服务的价格核算，从而实现利润最大化。

第六章

企业设计：战略定位

第一节　什么是战略

运营效益不等于战略[①]

近20年来，管理者一直在学习运用一套新的管理原则：企业必须具有灵活性，才能迅速回应市场变化和竞争环境的改变；它们必须持续地运用标杆法才能达成最佳实践；它们必须积极采用外包，以获得更高的效率；它们还必须培养若干核心竞争力，才能领先于竞争对手。

一直以来，定位（positioning）是战略的核心，然而由于当今动荡的市场和不断变化的科技，很多人认为定位太过静态而抛弃了这一概念。根据新的教条，竞争对手可以很快复制任何一个市场定位，所以任何竞争优势至多只能是暂时性的。

然而，上述信条都是危险而错误的，它们正在导致越来越多的企业走上互相摧毁式的竞争之路。的确，随着管制的放宽和市场的日益全球化，一些阻碍竞争的因素正在消失；的确，很多公司适当地投入精力，使自己变得更加精干和敏捷。然而在许多行业，有些人所说的超级竞争（hyper－competition）其实是自设陷阱，而不是竞争模式发生变化所致的必然结果。

问题的根源出在人们未能分清运营效益（operational effectiveness）和战略（strategy）的区别。对生产率、质量和速度的追求，催生出大

---

① 这里参考了迈克尔·波特在《哈佛商业评论》（Harvard Business Review）1996年关于战略的论述，但观点有很大区别。

量的管理工具和技巧，比如全面质量管理、标杆法、时基竞争、外包、结盟、企业再造以及变革管理等。尽管很多企业的运营效益因此得到了极大提高，但它们却因为无法将这些进步转化为持续赢利而备感挫折。渐渐地，几乎在不知不觉中，管理工具取代了战略。随着管理者努力进行全方位的改善，他们离自己原本可行的市场定位越来越远了。

运营效益：必要但不充分。

创造卓越绩效是所有企业的首要目标，运营效益和战略对于企业实现这一目标都至为关键，但两者的作用方式不同。

企业唯有建立起一种可长期保持的差异化时，才能胜出竞争对手。它必须向客户交付更大的价值，或者以更低的成本创造出相当的价值，或者两者兼具。获取出色利润率的算式就是这样的：交付更大的价值就能让企业收取更高的平均单位价格，而更高的效率就能实现更低的平均单位成本。

各企业之间在成本或价格上的所有差异，都是它们的成百上千项运营活动带来的。这些活动都是为了创造、生产、销售、交付产品或为客户提供服务，比如拜访客户、组装成品、培训员工等。执行这些运营活动就会产生成本，因此成本优势的来源就是企业在执行特定活动时比竞争对手更加高效。同样的道理，差异性就源自企业选择哪些运营活动，以及如何实施这些活动。由此观之，运营活动就是竞争优势的基本单位。整体优势或整体劣势就源自企业的所有运营活动，而不是其中的某几项运营活动。

运营效益意味着，在进行相似的运营活动时，企业比竞争对手做得更好。运营效益包括但不仅限于效率，它是指任何数量的可以使企业更好地利用其投入的做法，比如减少产品的次品率或以更快的速度开发更好的产品。相比之下，战略定位（strategic positioning）则意味着进行不同于竞争对手的运营活动，或者以不同方式进行和竞争对手相似的运营活动。

各企业在运营效益上的差异普遍存在。有些企业能够从投入中获得高于其他企业的回报，因为它们消除了无谓的活动，采用了更先进的技术，更能激励员工士气，或者对管理单项运营活动或整套运营活动有更深入的认识。这种在运营效益上的差异，是造成竞争各方赢利能力差异的重要原因，因为它们直接影响了企业的相对成本地位以及差异化程度。

日本企业在1980年代向西方企业发动的挑战，其核心就是运营效益方面的差异。当时日本企业在运营效益上远远领先于竞争对手，因此它们提供的产品不仅价格更低而且品质更高。这一点值得我们深入探讨，因为最近很多关于竞争的思维都基于这一点。试想一下，有一条生产率边界（productivity frontier），它是任一时间现有的所有最佳实践之和，可以把它视为企业在既定成本下运用当前最高科技、技能、管理技巧和原料，提供某种产品或服务所能创造的最大价值。生产率边界既适用于各项单独的运营活动，也适用于如订单处理和生产制造之类的互为关联的群体性运营活动，甚至适用于整个企业的所有运营活动。每当企业改善了运营效益，就在向生产率边界靠拢。这样做可能需要资本投入、不同的员工队伍，或者仅仅是新的管理方式。

随着新技术和新的管理方法的开发，以及新投入的出现，生产率边界就经常性地向外拓展。比如，笔记本电脑、移动通信、互联网，不仅重新界定了销售队伍运营的生产率边界，而且还开创出将销售活动与其他运营活动（如订单处理和售后服务）联结在一起的丰富可能性。同样的，涉及整套运营活动的精益生产，也使企业在制造生产率和资产利用方面获得了实质性改善。

至少在过去10年间，管理者满脑子都在思考如何提高企业的运营效益。为了消除低效现象、提高客户满意度以及达成最佳实践，管理者已经通过诸如全面质量管理、时基竞争和标杆法之类的管理工具，改变了运营活动的实施方式。管理者还信奉上了持续改进、授权、变革管理和所谓的学习型组织，希望借此跟上生产率边界的移动。外包和虚拟企业的流行，反映出企业界日益认识到，要做到像专业公司那样高效、高质地实施所有运营活动是很困难的。

企业往生产率边界移动时，经常能同时改善多方面的绩效。比如，那些采用了1980年代日本企业快速换线做法的制造商，能够在降低成本的同时也改善了自己的差异性。那些曾经被认为是真正取舍的行为，比如次品率和成本之间的取舍，如今已被证明是运营效益低下而造成的假象。管理者已经学会了抵制这些虚假的取舍。

运营效益上的不断改进，是企业获得出色赢利能力的必要条件，但通常不是充分条件。几乎没有企业能在长时间内凭借运营效益赢得竞争，而要维持自己的领先地位正变得日益困难。其中最明显的原因就在于最佳实践会迅速扩散。竞争对手可以迅速模仿管理技巧、新技术、投入改进，以及满足顾客需求的更佳方式。最通行的解决方案——那些在多重环境下都适用的解决方案——扩散的速度也最快。咨询公司的支持，进一步加速了运营效益技术的传播复制。

运营效益上的竞争推动生产率边界向外拓展，从而有力地提高了每个企业的竞争门槛。然而，尽管这样的竞争导致了运营效益的绝对改善，但是没有企业能获得相对改善。就以美国年产值逾50亿美元的商务印刷业为例。当纳利公司（R. R. Donnelley & Sons）、魁北克公司（Quebecor）、世界彩色印刷公司（World Color Press）和大花印刷公司（Big Flower Press）是该产业的最大企业，它们正在展开头对头的竞争，为所有类型的客户服务，提供相同的印刷技术（凹版印刷和轮转胶印），投入巨资购买同样的新设备，提高印刷速度，减少员工人数。然而，生产率改进带来的主要收益被客户和设备供应商获得，而企业本身并未因此提高赢利能力。即便是行业领导企业当纳利公司，它的利润率在1980年代一直维持在7%以上，到了1995年，却下跌到不足4.6%。这种现象在一个接一个行业中上演。甚至率先发动运营效益竞争的日本企业，也受困于持续的低利润（参见副栏“日本企业很少有战略”）。

改善运营效益之所以不是充分条件的第二个原因是竞争趋同（competitive convergence），它更加微妙，隐患也更大。企业越是运用标杆法，它们之间也就越相似。竞争各方越是多地把运营活动外包给高效的第三方，往往是相同的第三方，这些运营活动就变得越通行。当竞争各方在质量、生产周期或供应商伙伴关系上互为模仿各自的改善做法时，战略就会趋同，竞争就变成了在同一跑道上展开的赛跑，无人能够胜出。单单基于运营效益之上的竞争是互相摧毁式的竞争，最终导致消磨战，只有通过限制竞争的方式才能遏制。

近来流行以合并的方式实行产业联合，在运营效益竞争的背景下，有其合理性。缺乏战略远见、一味受到业绩压力驱动的企业，除了一家接一家买下竞争对手以外，别无更好的主意了。而能留在市场上的竞争者，往往只是那些比其他企业维持更长时间的企业，而不是具有真正优势的企业。

许多企业十多年间在运营效益上得益后，如今正面临收益递减的处境。持续改进的概念已深深烙在了管理者的脑中。但是，实现持续改进的工具却在不知不觉中将公司拉向模仿和趋同。渐渐地，管理者就让运营效益取代了战略。其结果就是零和竞争（zero - sum competition）、价格上不去或者不断下跌，以及成本压力，进而危及企业投资长期业务的能力。

日本企业很少有战略

20 世纪七八十年代，日本企业在全球发动了一场运营效益的革命，开创了诸如全面质量管理和持续改进的实践。结果在之后的很多年里，日本企业在内部运营上都获得了巨大的成本和质量优势。

然而，日本企业很少制定出本文中讨论的独特战略定位。那些有定位的企业，比如索尼（Sony）、佳能（Canon）和世嘉（Sega），它们是特例而非常态。大多数日本企业都互为模仿和抄袭。所有的竞争对手提供全部或者近乎全部相同的产品种类、特色和服务，都利用所有的销售渠道，就连工厂布置也相同。

如今，这种日本式竞争的危害越来越清晰可辨。在1980年代，由于竞争对手的运营效益离生产率边界很远，因此日本企业同时在成本和质量上获胜是可能的。日本企业能在本国经济的扩张和对全球市场的渗透中获得成长，其发展势头看似不可阻挡。然而随着运营效益的差距逐渐缩小，日本企业愈加陷入了它们自设的陷阱。要摆脱如今正破坏它们绩效的互为毁灭式的竞争，日本企业就必须学习什么是战略。

要做到这一点，它们可能必须克服强大的文化障碍。日本民族喜欢达成共识，其企业往往淡化个体的差异，而不是强化它。然而，战略要求企业做出艰难的抉择。日本人也有一种根深蒂固的服务传统，使他们会不遗余力地去满足顾客提出的任何需求。以这种方式竞争的企业最终会模糊自己的独特定位，变成满足所有顾客的所有需求的企业。

战略：有赖于独特的运营活动

竞争战略就是要做到与众不同。它意味着有目的地选择一整套不同于竞争者的运营活动以创造一种独特的价值组合。

西南航空公司（Southwest Airlines Company）就是一个例子。它在中等城市和大城市的二级机场之间提供短程、低成本和点对点的服务。西南航空避开大机场，也不飞远程航线，其顾客包括商务乘客、家庭和学生。西南航空公司以频繁的班次和低廉的票价吸引那些对价格敏感的乘客（否则他们就会选择乘巴士或驾车）以及那些图方便的乘客（否则他们就会选择提供全面服务的航空公司）。

大多数管理者从自己顾客的角度来描述战略定位，比如“西南航空公司为那些对价格和便捷性敏感的乘客服务”。然而战略的实质存在于运营活动中——针对外部竞争对手，选择一套不同的运营活动，或者以不同于对手的方式实施运营活动。否则，战略就不过是一个营销口号，经不起竞争的考验。

提供全面服务的航空公司的设置，是要将乘客几乎从任何一个地方送到另外一个地方。为了抵达众多目的地并服务于需要转机的乘客，这些航空公司采用以大机场为中心的枢纽辐射系统。为了吸引追求舒适的乘客，它们还提供头等舱或商务舱服务。为了给必须转机的乘客提供便利，它们要协调好航班时间，并且代运和转运行李。由于有些乘客需做长时间飞行，它们还会提供餐饮服务。

相比之下，西南航空公司以其在特定的航线上提供低成本和便捷的服务为核心，对所有运营活动进行了设计。它的飞机停靠在登机门的周转时间只有 15 分钟，使得它的飞机的飞行小时数高于竞争对手的飞机，并且用更少的飞机提供频繁的航班。西南航空公司不提供餐饮，不指定座位，不提供跨航线行李转运或高级舱位服务。它还在登机口设立自动售票机，鼓励乘客跳过旅行社直接购买它的机票，从而省掉了付给旅行社的佣金。此外，它的机队全部选用波音 737 客机，从而提高了维护效率。

西南航空公司仰赖这套特制的运营活动，建立起一个独特而有价值的战略定位。在西南航空公司服务的航线上，其他提供全面服务的航空公司，都无法提供如此便利或低成本的服务。

总部设在瑞典的全球家具零售商宜家家居（Ikea）同样拥有清晰的战略定位。它的目标客户是那些年轻消费者，他们想要低价但又有格调的家具。将这一源自营销的定位概念转化为战略的则是一套特别设计的运营活动，是这些内部运营活动使外部定位概念得以实现。同西南航空公司一样，宜家选择以不同于竞争对手的方式来实施自己的运营活动。

让我们先看一下典型的家具店的做法。展示厅里摆放着一些家具样品。其中一块区域可能放着 25 张沙发，另一块区域则可能陈列着 5 张餐桌。然而，这些产品只是众多可供顾客选择的家具中的一小部分。家具店内还有几十本罗列着面料样本、木料样本或其他家具式样的展示册，提供了数千种款式供顾客挑选。销售人员通常陪着顾客在店内转悠，回答他们的提问，并帮助他们做出选择。一旦顾客做出选择，订单就被转发给第三方制造商。如果运气好，家具将会在 6 ~ 8 周内送到顾客家里。这是一条提供最广泛定制和最优服务的价值链，但是成本偏高。

宜家家居的做法截然相反，它为那些愿意为降低成本而舍弃服务的顾客提供商品。它不采用让销售人员一路尾随顾客的做法，而是靠清晰的店内展示让顾客实现自助服务。宜家家居不完全依赖于第三方制造商，而是自己设计低成本、便于安装、标准组件的组合家具，以吻合公司的战略定位。在它的大型商场中，各种待售产品被摆放在样板间中，如此一来，顾客就无须装潢设计师帮助他们想象各式家具摆放在一起的效果。家具展示厅边上是仓储区，所有产品都被打包堆放在货架上。顾客需要自己动手取下、自己运回家，宜家家居甚至可以将车顶架一起卖给你，当你下次再光顾时，允许将车顶架还回得到退款。

虽然宜家家居的低成本大多来自让顾客“自己动手”，但它也提供了竞争对手没有提供的许多额外服务。比如，店内照看孩子就是其中一项，以及延长营业时间。这些服务都是专门针对顾客需要而特别设立的，因为他们年轻、并不富有、可能有孩子（但没有保姆），而且他们要赚钱维生，需要在空余时间去购物。

寻找新定位：创业家的优势

战略竞争可以被视为发现新定位的过程，从而从旧的定位招揽顾客，或者吸引新顾客进入市场。比如，品类单一但货色齐全的超市从那些品类齐全但选择有限的百货公司手中抢夺市场份额。而邮购商品目录，则吸引了追求方便的顾客。从理论上来说，守业者和创业者在寻找新的战略定位时面临着同样的挑战。但在实践中，新进入者往往占有优势。

战略定位通常不是显而易见的，找到它需要创造性和洞察力。新进入者常常能发现可以实现的，但通常被老企业所忽视的独特定位。比如，宜家家居就发现了一个被忽视或服务不足的顾客群体。电子城商店

（Circuit City Stores）以 CarMax 进入旧车市场时，则采用全新的方式来实施运营活动——轿车的全面翻新、产品保证、不二价以及熟练利用内部客户融资。其实，那些守业者早可以实施这些活动。

新进入者可以通过占据竞争对手曾一度占有但由于多年模仿别人和骑墙而丢掉的定位，以此获得发展。此外，来自其他行业的新进入者可以创建新的定位，因为他们可以利用自己在其他业务上的独特运营活动。CarMax 就大量借鉴了电子城商店在消费电子产品零售业中的库存管理、信贷和其他活动的专长。

然而最常见的是，新定位的出现源自各种变化。随着社会的发展，新的分销渠道的出现，新技术的开发，以及新机器或新的信息系统的出现，会兴起新的顾客群和新的购买模式，出现新的需求。当出现这样的变化时，新进入者由于没有产业的历史包袱，往往更容易察觉新的竞争方式。与守业者不同，新进入者不会面临对原有活动的取舍问题，因而通常更加灵活。

战略定位的基点

战略定位出自三个不同的基点，它们并不相互排斥，而是经常重叠。首先，定位可以基于提供某行业的某个子类产品或服务。我把它称为基于品类的定位（variety - based positioning），因为这是基于产品或服务品类的选择而不是基于客户细分进行战略定位。当企业针对外部市场竞争，形成独特的内部运营活动而提供出最好的特定产品或服务时，基于品类的定位就具有经济上的合理性。

比如，捷飞络国际公司（Jiffy Lube International）就专营汽车润滑油，不提供其他的汽车维修与保养服务。与综合汽修店相比，其价值链是以更低的成本提供更快捷的服务，这个组合非常有吸引力，以至于许多顾客进行分开购买，即从业务聚焦的捷飞络那儿购买更换润滑油的服务，剩下的就找其他竞争公司。

先锋集团（Vanguard Group）是另一个例子。它是共同基金行业的领先者，提供一系列业绩稳定、费用极低的普通股、债券和货币市场基金。公司的投资策略刻意舍弃了某一年获得超常业绩的可能性，而力求每一年都有较好的回报。比如，先锋集团就以指数基金（index fund）而著称。它避免把赌注押在利率上，而且避开了狭隘的股票组合。基金经理人把交易量保持在低水平，以此降低交易费用。此外，公司劝阻客户快速买进卖出，因为这么做不仅会抬高成本，并且还会迫使基金经理人为配置新资本和筹集债券赎回所需现金而进行交易。先锋集团还一直采取低成本方式管理分销、客户服务和市场营销。很多投资者会在自己的投资组合中买入一个或多个先锋基金，同时向它的竞争者购买主动型管理基金或专业基金。

选择先锋集团或捷飞络公司的客户，是对它们在某一特定服务领域的卓越价值链做出了回应。基于品类的定位可以服务于广普的顾客，但是大多数情况下，这种定位只能满足他们需求中的一个小类。

定位的第二个基点是满足某类特定客户群的大部分或者所有需求。我把它称为基于需求的定位（needs - based positioning），这和瞄准某个客户细分市场的传统概念相接近。当客户群各有不同的需求，而一套与竞争对手不同的运营活动能够最佳地满足这些需求时，基于需求的定位就成立。有些客户群比其他客户群对价格更敏感，需要不同的产品特性，需要不同量的信息、支持和服务。宜家家居的顾客就是这类顾客群的一个很好例子。宜家家居力求满足其目标客户的所有家具布置方面的需求，而不只是其中的某个子类。

当同一个客户在不同场合或面对不同的交易类型产生不同需求时，基于需求的定位就出现了一个变体形式。比如，同一个人在商务旅行时和家庭旅游时可能有不同的需求。再比如，饮料罐的购买者（如饮料公司）对第一供应商的需求和对第二供应商的需求也可能不一样。

大多数管理者都是从满足客户需求的角度来看待他们的业务，这是他们的直觉。然而，基于需求的定位的关键因素根本就不是直觉，而它常常被忽略了。需求上的差异不可能转化为有意义的定位，除非最佳满足这些需求的一套运营活动同样存在着竞争性差异。如果不是这样的话，市场中每个竞争对手就都能满足同样的需求，那么定位就毫无独特性和价值。

例如，在个人银行业务中，贝西默信托公司（Bessemer Trust Company）的目标客户，是那些可投资资产不少于500万美元的家庭，这类家庭既想要储蓄资金，又想要积累财富。贝西默公司为每14户家庭指派一名经验丰富的客户服务主管，围绕着个性化服务配置运营活动。比如，会晤更可能是在客户的农场里或游艇上而不是公司的办公室。贝西默提供一系列定制服务，其中包括投资管理与不动产管理、油气资源投资的监督，以及对赛马和私人飞机的资产核算。对于大多数个人银行而言，贷款是它们最主要的业务，但贝西默的客户却很少需要贷款，贷款只占贝西默的收入的很小一部分。尽管贝西默的客户主管薪酬最丰厚，人员成本在营业费用中所占的比重也最高，但是其针对目标家庭的差异化为它带来的净资产收益率估计是所有个人银行中最高的。

另外，花旗银行（Citibank）的个人银行服务针对个人资产不低于25万美元的客户，他们与贝西默的客户正好相反，想要方便地得到贷款——从高额抵押贷款到交易融资。花旗银行的客户经理主要是放款人。当客户需要其他服务时，他们的客户经理会把他们介绍给花旗银行的其他专家，各专家负责预先设定好的金融产品。花旗银行系统的客户定制程度低于贝西默信托公司，使得其客户经理与客户之比也要低得多，为1∶125。每两年举行一次的客户会议，只邀请最大的客户参加。贝西默和花旗银行都设计了一套运营活动来满足各自客户群的需求。同一个价值链无法同时满足两个顾客群的需求并实现赢利。

定位的第三个基点是依据不同的接触途径细分客户。虽然这些客户的需求是相似的，但是接触他们的最佳运营活动配置具有竞争差异性。我把它称为基于接触途径的定位（access – based positioning）。接触途径可以根据客户地理位置或客户规模来设定，或者根据需要一套不同的运营活动才能最佳地接触到顾客的其他因素来设定。

根据接触途径进行市场细分比前两种战略定位少见，相比之下也未被很好地理解。比如，美国卡麦克院线（Carmike Cinemas）只在人口不到20万的小城镇运营电影院。在规模如此之小且不能承受大城市票价的市场中，卡麦克是如何实现赢利的呢？那就是通过一套能实现最低成本结构的运营活动。它通过标准化、低成本的影院设施为小城镇的观众提供服务，这种影院所需的银幕比大城市电影院少得多，所需的放映技术也不用那么高级。公司专有的信息系统和管理流程，使得每一个影院仅需一名经理，而无须其他行政管理人员。此外，集中采购、廉价的租金和劳动力成本（由于影院都在小城镇）以及极低的经营管理费用（仅为2%，而行业平均水平为5%）也为卡麦克创造了优势。此外，在小社区中运营也让卡麦克可以采取一种更个人化的营销方式——影院经理认识每一个主顾，并通过个人接触来提高上座率。作为几乎独霸所在市场的连锁影院（主要竞争对手往往是高中橄榄球队），卡麦克不仅能得到它想要的电影，在与发行商谈判时也能争取到更好条件。

城市客户和乡镇客户的区分，这只是不同接触途径导致不同运营活动的一个例子。其他例子还包括，小客户和大客户之分，密集分布客户和零散分布客户之分。尽管这些客户群体有着相似的需求，但是企业配置市场营销、订单处理、物流和售后服务等运营活动的最佳方式往往是不同的。

定位不仅仅是开拓利基市场。定位无论源自上述三个基点的哪一个，都可宽可窄。实施聚焦的竞争者，如宜家家居，瞄准的是某个小类的客户群的需求，并相应地设计自己的运营活动。目标客户宽泛的竞争者要么对客户服务过度（因此常常定价过高），要么对客户服务不足（因此定价常常过低），因此实施聚焦的竞争者可以赢得这些客户而获得发展。比如，像先锋集团或达美航空公司（Delta Air Lines）这样针对广普客户的竞争者，就要实施一套满足客户的共同需求的运营活动。于是，它要么忽视了某一客户群体的特殊需求，要么只能部分满足。

无论定位是基于产品品类、客户需求、接触途径，还是这三者的综合，它都需要一系列针对外部市场竞争而特别设计的内部运营活动与之配套。因为定位是什么取决于供应方行为，或者说取决于运营活动的差异，而不是需求或者客户方差异。特别是，基于产品品类和接触途径的定位完全不依靠任何客户差异。然而在实践中，产品品类或接触途径的差异通常伴随着需求差异。例如，卡麦克院线的小城镇客户的品位更偏向于喜剧片、西部片、动作片和家庭娱乐片。卡麦克院线不放映 17 岁以下观众禁看的电影。

与通行战略的关系

《竞争战略》（1980 年出版）一书中，提出了通行战略（generic strategies）概念——成本领先、差异化和业务聚焦——来表示行业中可选的战略定位。在最简单和广泛层面上，通行战略仍然能有效地代表战略定位。例如，先锋集团就是成本领先战略的例子；宜家家居则专注于狭窄的客户群，采用的是以低成本为基础的业务聚焦战略；露得清公司则是业务聚焦兼差异化战略。定位的基点——品类、需求和接触途径——把对通行战略的理解提升到了更为深刻的水平。例如，宜家家居和西南航空公司都采用了以低成本为基础的业务聚焦战略，但是宜家家居的聚焦战略基于一个特定顾客群体的需求，而西南航空公司的聚焦战略则是基于提供某种特定的服务品类。

通行战略框架也带出了选择的必要性，只有这样才能避免陷入我当时描述的不同战略之间的固有矛盾之中。互不兼容的定位之间需做出运营活动的取舍，这就解释了那些矛盾。大陆航空的精简航班试图以两种方式同时进行竞争，它的失败就是一个例证。

在为定位下完定义后，我们现在可以回答“什么是战略”这个问题了。战略就是形成一套独具的运营活动，去创建一个价值独特的定位。如果只有一个理想定位，那么企业也就无须战略了；企业的当务之急，就是发现并抢占这个定位，以此赢得比赛。战略定位的实质就是选择与竞争对手不同的运营活动。如果同一套运营活动能够生产出所有品类的产品、满足所有的需求、接触到所有的客户，那么各家企业很容易在它们之间进行切换，此时运营效益将决定企业的绩效。

可持续的战略定位需做取舍

然而，选择一个与市场竞争对手不同的定位还不足以确保可持续优势。一个有价值的定位会引起既有竞争对手的仿效，它们可能采取以下两种方式中的一种进行抄袭。

首先，竞争者可以对自己进行重新定位，以赶上绩效卓越者。例如，杰西潘尼公司（J. C. Penney）就把自己从西尔斯（Sears）的翻版重新定位成更高档、更时尚的非耐用品零售商。第二种方式就是骑墙（straddling），它更普遍。骑墙者试图在受益于成功的新定位的同时又能保持其既有的定位。它把新特色、新服务或新技术嫁接到原有的运营活动上。

有人认为竞争对手可以复制任何一个定位，然而航空业是检验这种观点的绝佳例子。表面上看，几乎任何一个竞争对手都能模仿其他航空公司的运营活动。任何一家航空公司都可以购买与对手相同的飞机，租用与对手相同的登机门，并提供与对手相同的餐饮、票务和行李运送服务。

大陆航空公司（Continental Airlines）看到西南航空公司做得很成功后，决定骑墙。在保持其全面服务航空公司的定位的同时，它开始在一些点对点航线上模仿西南航空公司的做法。大陆航空公司把这项新服务称为大陆航空的精简航班（Continental Lite）。大陆航空的精简航班也取消了餐饮和头等舱服务，增加了航班班次，降低了票价，并且缩短了泊机时间。由于大陆航空公司在其他航线上仍然保持了全面服务航空公司的定位，它就继续利用旅行社，采用混合机群，继续提供行李托运和指定座位服务。

但是，除非与其他定位相比而形成取舍（trade－offs），否则任何一个战略定位都不可能持久。当各个运营活动互不兼容时，就出现了取舍的需要。简而言之，取舍意味着如果想在某件事上做得更到位，就只能在另一件事上做得差些。比如，航空公司可以选择提供餐饮服务，但这样做会增加成本并拖延泊机时间。它也可以选择不提供餐饮服务（降低成本并缩短泊机时间）。但如果它要两者兼顾，结果必然是效率降低。

取舍不仅造成了选择的必要性，还保护企业免受重新定位者和骑墙者的侵害。看一下露得清香皂的例子。露得清公司（Neutrogena Corporation）的基于产品品类的定位，建立在“对皮肤温和”、无残留皂剂、平衡 pH 值配方的香皂上。露得清有一支庞大的销售队伍去拜访皮肤科医生，因此其营销策略看上去更像是医药公司采用的，而非制皂商所为。它在医学杂志上刊登广告，向医生寄送直邮广告，参加医学会议，并且在自己的皮肤护理研究中心开展研究工作。为了强化自己定位，露得清公司最初把经销渠道集中在药店，而且避免降价促销。露得清公司还采用缓慢而花费高的生产流程去制造它那易碎的香皂。

在选定这一定位后，露得清公司拒绝在香皂中添加许多消费者喜欢的除臭剂和皮肤柔润剂。它放弃了通过超市销售和降价促销所能带来的大量销售潜力；它牺牲制造效率以换取香皂的理想品质。在最初创建定位时，露得清做了大量这样的取舍，这些取舍保护了公司免受模仿者的侵袭。

取舍出自三方面的原因。首先是形象或声誉上的前后不一致。一家以提供某一种价值而知名的企业，若要提供另一种价值或试图同时推出两种不相一致的品类，就会缺乏信誉，使客户感到困惑，甚至会损坏到自己的声誉。例如，象牙（Ivory）香皂的定位是基本的、廉价的日用香皂，如果它想重塑形象，使自己达到露得清那样的高档、“医学”的声誉，恐怕会困难重重。在一个主要行业里建立新形象，通常需要投入数千万甚至数亿美元，这正是阻止竞争对手进行模仿的有力屏障。

其次，也是更重要的一个原因，取舍是由运营活动本身所致。不同的定位（以及特别设计的企业内部运营活动）要求不同的产品配置、不同的设备、不同的员工行为、不同的技能以及不同的管理体系。很多取舍反映了设备、人员或者系统方面的不可变通性。例如，宜家家居通过让顾客自己组装和运输家具来配置自己的运营活动以实现低成本，它这方面做得越出色，就越难满足那些需要更多服务的顾客。

不过，取舍的作用可能还要根本。一般来说，如果一项运营活动的设计超出了功用或达不到功用，它的价值就受到损害。比如，即便某位销售员有能力为某位客户提供高水平的协助，却没有为另一位客户提供丝毫协助，那么他的才能（以及投在他身上的部分成本）在第二位客户身上就等于浪费了。此外，当运营活动的可变程度受到一定限制时，生产率也会提高。该销售员若是始终提供高水平的协助，那么他本人和整个销售活动都能取得学习的高效性和规模效应。

最后，取舍还可能出自内部协调管理的限制条件。当企业管理高层明确选择了以某一种方式而不是其他方式竞争时，他们也就明确了组织中各项工作的优先次序。相比之下，那些想为所有客户提供所有服务的企业，就要冒前线出现混乱的风险，因为其员工不得不努力在没有明确框架的情况下做出日常运营决策。

定位取舍在竞争中普遍存在，它对战略至关重要。它不仅迫使企业进行选择，还有意识地限制了企业提供的产品或服务品类。它威慑住了重新定位和骑墙的行为，因为采用这两种方法的竞争企业将破坏自己的战略，而且贬损其既有运营活动的价值。

取舍最终迫使大陆航空的精简航班停飞了。公司损失数亿美元，CEO 也遭到解聘。大陆航空的精简航班的班机在班次密集的航空枢纽城市经常误点，在登机门停留的时间也因行李转运而延长。因飞机误点和航班取消而引起的乘客投诉每天达到 1000 起。大陆航空的精简航班无力承受既在价格上与对手展开竞争，同时又向旅行社支付标准佣金，但是大陆航空公司的全面服务业务又离不开旅行社。于是，大陆航空公司采取了折中的做法，降低了公司所有航线的佣金。同样的，大陆航空公司也无力承受向那些购买大陆航空的精简航班（Continental Lite）超低价机票的乘客提供“常旅客优惠”，因此它再一次采取折中的方法，下调了公司整个“常旅客计划”的优惠幅度。结果，旅行社和想要全面服务的乘客都被惹恼了。

大陆航空公司试图同时以两种方式展开竞争，设法在某些航线上实行低成本，同时又在其他航线上提供全面服务，结果饱尝了骑墙的苦果。假设以上两种定位之间不存在取舍，那么大陆航空公司本可以获得成功。然而没有取舍却是危险的错误认识，管理者绝不能抱有这种观点。质量不总是免费的。西南航空公司的便捷性——也是一种高质量——恰好与低成本相一致，因为它的频繁班次得到了众多低成本做法的支持，比如快速泊机周转和自动售票。不过，构成航空服务质量的其他方面，如指定座位、餐饮或行李转运，则需要投入成本才能提供。

一般说来，当组织内部存在精力冗余或浪费、控制不力、准确性欠佳或协调不足等情况时，成本和质量之间就会产生虚假的取舍。当企业起步时离生产率边界还远，或者生产率边界向外移动时，有可能同时改善成本和差异性。当企业处于生产率边界，即做到现有的最佳实践时，成本和差异性之间的取舍才是真正的取舍。

本田汽车公司和丰田汽车公司在享受了10年生产率优势之后，最近已抵达了生产率边界。1995年，面对顾客对较高汽车价格的日益抵制，本田公司发现只有精简某些配置才能生产出价格稍低的轿车。于是，它在美国市场把思域（Civic）的后轮盘式制动器换成了成本更低的鼓式制动器，并且对后排座椅采用更廉价的面料，希望顾客不会察觉这些改变。丰田公司则试图销售在日本市场最畅销的一款花冠（Corolla）车型，并把该车型改为采用未喷漆的保险杠和更廉价的座椅。但是在丰田的案例中，顾客发出了强烈抗议，于是丰田公司很快就放弃了这款新车型。

在过去的10年中，管理者大幅提高了运营效益，内心形成了这么一种观念：不用取舍是一件好事。但如果没有取舍，企业将永远无法获得可持续优势。结果为了保持现有地位，他们将不得不加速快跑。

当我们回到“什么是战略”这一问题时，我们看到，取舍为这一问题的答案增加了一个新的解读层面。战略就是在竞争中做出取舍，战略的本质就是选择不做哪些事情。没有取舍，就没有选择的必要，也就没有制定战略的必要。如果是这样的话，那么任何一个好点子都可以而且会被很快地复制，而企业的绩效将再一次完全取决于运营效益。

配称推动竞争优势和可持续性

定位选择不仅决定企业将开展哪些运营活动、如何配置各项活动，而且还决定各项活动之间如何关联。运营效益涉及如何在单项活动或单项职能中实现卓越，而战略是关于如何将所有活动整合在一起。

西南航空公司的快速泊机周转，是它的便捷性和低成本定位的关键，因为该做法使得它能排出更密集的班次，并提高了飞机的利用率。西南航空公司是如何做到这一点的呢？部分答案在于该公司付高薪予地勤人员，他们在管理泊机周转时的生产率因灵活的工会制度而得到了大幅提升。然而，更重要的还在于西南航空公司实施其运营活动的方式。它不提供餐饮、不指定座位以及跨航线行李转运服务，因此避免了那些可能耽搁其他航班的活动。西南航空公司对机场和航线进行了选择，以免可能导致航班延误的拥堵。此外它还对航线的类型和距离作了严格限制，让飞机的标准化变得可行：它的飞机全部是波音 737 机型。

西南航空公司的核心竞争力是什么？它的关键成功因素是什么？正确的答案是：每一个环节都重要。西南航空公司的战略囊括了整个企业内的运营活动系统，而不是各个部分的简单集合。它的竞争优势来自各项活动之间的配称（fit）和相互加强。

战略配称可以建立一个联结最紧密的链，进而将模仿者阻挡在外。同大多数拥有优秀战略的企业一样，西南航空公司的各项运营活动以能创造真正经济价值的方式进行相互补充。例如，某项活动的成本因为其他活动的实施方式而降低；同样的，某项活动对客户的价值，可以因其他活动而得到提高。战略配称就是通过这种方式创造出竞争优势和出色赢利能力。

配称的种类

各职能部门的政策应该互相匹配，这是早有的战略思想之一。然而渐渐地，这一思想不再是管理层的考虑重点。管理者不再把企业看成一个整体，而是转向所谓的“核心”竞争力、“关键”资源，以及“关键”成功因素。实际上，配称才是竞争优势的核心要件，其重要性远远超过大多数人对它的认识。

配称之所以重要，是因为分散进行的活动往往会相互影响。比如，一支高素质的销售队伍，在企业的产品具有很高的技术含量，营销上强调协助与支持客户的做法时，就能释放出更大的优势。一条模型多样化程度很高的生产线，与一套能够把成品仓储的需求降到最低的订货处理系统、一套解释并鼓励客户定制的销售流程，以及一个强调产品多样化有利于满足客户特殊需求的广告主题相结合，就能产生更大的价值。这种互补在战略中普遍存在。尽管有些活动之间的配称是通行的，可以运用于许多企业，然而最有价值的配称还是那些只适用于特定战略的配称，因为它能增强定位的独特性，并放大取舍效应。

配称有三类，不过它们并不相互排斥。第一层面的配称是让各运营活动（职能部门）与总体战略之间保持简单一致性（simple consistency）。例如，先锋集团围绕它的低成本战略开展各项活动。它将投资组合周转率降至最低，不需要支付高薪的资金经理人。它直接发行基金，因此避免了经纪人佣金。它限制广告数量，而主要依靠公关和口碑推荐。此外，先锋集团还把员工的奖金与节约成本挂钩起来。

一致性确保了各项活动的竞争优势能不断累积，而不会减弱或自动消失。同时，一致性还使战略更容易向客户、员工和股东沟通，并且通过让企业上下一心来改善执行。

第二层面的配称是指活动之间相互加强。例如，露得清公司针对高级酒店营销自己的产品，这些酒店渴望向客人提供由皮肤专家推荐的香皂。酒店给予露得清使用自己原包装的特权，而要求其他香皂在包装上打上酒店的名字。一旦客人在某豪华酒店使用过露得清香皂，他们就很可能会去药店购买，或者征询医生对这种香皂的看法。这样一来，露得清公司针对医生的营销活动和针对酒店的营销活动就起到了相互加强的作用，从而降低了公司的营销总成本。

另一个例子是比克公司（Bic Corporation），它通过所有销售渠道向所有主要客户市场（零售业、商用、促销用品和免费赠品）销售种类有限的廉价水笔。基于产品品类的定位都是要服务广普的客户群，比克公司同样强调一种共同需求（可以接受的廉价水笔），并采用覆盖面广的营销方法（一支庞大的销售队伍以及大量电视广告）。比克公司从几乎贯穿所有活动的一致性中获益匪浅，这些活动包括强调便于生产的产品设计、低成本工厂布局、通过大批量采购将原材料成本降至最低，以及通过内部生产部件获得经济效益。

但比克公司的做法超越了简单一致性的层面，因为它各项活动之间是相互加强的。例如，它采用售点陈列和频繁更换包装的方法来刺激消费者的冲动性购买。要完成售点工作，企业通常需要一支庞大的销售队伍。比克公司的销售队伍规模是行业之最，它对售点活动的管理也强过竞争者。此外，售点、大量电视广告以及频繁更换包装这些活动的相结合，比单独开展其中任何一项活动更能刺激消费者的冲动性购买。

第三层面的配称突破了各项活动之间的相互加强，我把它称为投入最优化（optimization of effort）。Gap 是一家休闲服饰零售商，它把店内产品的可获得性视为自己战略的最重要元素。Gap 可以通过在店内囤货或者从仓库补货来保证产品的供应。Gap 对这些活动的投入进行了优化，它几乎每天都从 3 个仓库为它的基本服饰进行补货，这样店内的囤货需要就被降至最低。Gap 公司之所以强调从仓库补货，是因为它的商品策略是锁定在颜色品种相对较少的基本货物上。其他具有比较性的零售商每年的库存周转是 3 ~4 次，而 Gap 达到 7.5 次。此外，由于 Gap 实施的是短周期服装更新（每 6 ~8 周就更新一次），所以从仓库快速补货还可以降低此项活动的成本。

各项活动之间的协调和信息交流，可以消除冗余并将投入浪费减少到最低程度，这是投入最优化中最基本的类型。不过还有更高层次的最优化。例如，对产品设计的选择可以消除售后服务的需要，或者可以让客户自行服务。同样，与供应商或经销渠道之间的协调，可以消除由公司内部实施某些运营活动的需要，如对终端用户的培训。

在以上三种类型的配称中，整体系统比任何个体部分都来得重要。体现在外部的竞争优势源自企业内各项活动形成的整体系统。各项活动之间的配称可以大幅降低成本或者增加差异性。此外，单项活动的竞争价值——或者相关的技能、能力或资源——无法脱离系统或战略而独立存在。对于有竞争力的企业，通过找出个体活动的优势、核心竞争力或者关键资源来解释它们的成功都是误导性的。事实上，这些优势贯穿于各个职能部门，彼此渗透。因此，更可取的方式是以渗透于各项运营活动中的定位主题为视角进行思考，比如低成本、某个独特的客户服务理念，或者某个独特的价值理念，主题始终贯穿于由各项运营活动紧密联结而成的系统之中。

配称与可持续性

在众多运营活动中建立战略配称，不仅是获得竞争优势的关键，也是保持这一优势的关键。竞争对手要复制一批环环相扣的活动，远比仅仅复制某个特定的销售队伍策略、某项工艺技术或者某套产品性能困难得多。因此，建立在活动系统之上的定位要比那些建立在个体活动之上的定位更容易持久。

看一个简单的数学题。竞争对手成功复制某项活动的概率通常小于

1，而成功复制整个系统的概率就迅速降低（0.9×0.9＝0.81；0.9×0.9×0.9×0.9＝0.66……依此类推），所以竞争对手几乎不可能复制整个系统。既有的企业若要重新定位或者骑墙，就得被迫重新配置许多运营活动。即使是新进入者，尽管它们碰不到既有企业所面临的取舍问题，仍将面临令人生畏的模仿阻碍。

一个企业的定位越是依赖于内部运营活动系统第二和第三层面的配称，其外部竞争优势的可持续性就越强。这样的系统，其天生的特点就是很难被企业之外的人破解，因此难以模仿。即使竞争对手能找出其中的相互联系，他们在复制时也会遇到困难。达成配称是一件难事，因为这需要许多相互独立的下级单位整合各自的决策和行动。

想要模仿整套活动系统的竞争对手，如果仅仅复制某些活动而不是整个系统的话，其收效就微乎其微。绩效非但不能提高，反而会下降。大陆航空公司企图模仿西南航空的惨剧，就是明证。

最后，企业各项运营活动之间的配称会为改善运营效益创造压力和动力，这使得对手更难以模仿。配称意味着某项活动的糟糕绩效会损害其他活动的绩效，这样缺陷就会暴露，也更容易得到关注；反之，某项活动的改善，则会使其他活动受益。因此，在各项活动之间形成强大配称的企业很少会成为模仿对象。它们出色的战略和执行将进一步加强它们的优势，从而为模仿者设置了障碍。

当各项活动形成互补时，竞争对手除非成功地复制整个系统，否则就难以从模仿中获得多少好处。这种形势将推动竞争向“赢家通吃”的方向发展。建立了最佳运营活动系统的企业将赢得竞争，比如玩具反斗城（Toys R Us）。而采用类似战略的竞争对手，比如儿童乐园（Child World）和莱昂内尔玩具城（Lionel Leisure），却落后了一大截。因此，找到一个新的战略定位通常要比抄袭他人的定位更为可取。

不同定位下的运营活动系统若因为取舍而互不相容，那么这样的定位最为可行。战略定位设定了取舍原则，这些原则界定了各个单项活动如何进行配置并整合在一起。从运营活动系统的角度来看待战略，会更清楚为什么组织结构、系统和流程必须与特定战略相配套。反过来，依据战略设计组织，使得各项活动更容易实现互补，同时也使竞争优势更加持久。

这意味着战略定位应该有十年或更长时间的视野，而不仅仅是着眼于一个战略规划周期。战略定位的延续性可以不断推动单项活动的改善和各项活动之间的配称，从而使组织建立起与战略相匹配的独特能力和技能。此外，延续性还可以不断强化企业的形象识别。

反过来，频繁切换定位的成本就非常高。企业不仅必须重新配置各个单项活动，还必须重新调整整个系统。有些活动可能永远跟不上多变的战略。频繁切换战略或者一开始就没有选择一个独特定位，其结果必然是“跟风”或模棱两可的运营活动配置、各职能部门之间的不一致以及整个组织的不和谐。

什么是战略？现在我们可以完成对这个问题的解答：战略就是在企业的各项运营活动之间建立配称。战略的成功，取决于做好很多事情，而不仅仅是几件事情，并且把所有事情整合在一起。如果各项活动之间不存在配称，那么就不存在独特的战略，也不存在可持续性。这样，管理者只能重新承担更简单的任务，即监管各个独立的职能部门，而运营效益将决定企业的相对绩效。

过去十年中隐含的战略模式：

①行业中存在一个理想的竞争定位

②在所有运营活动中运用标杆法并达成最佳实践

③积极发展外包和结盟以获得更高的效率

④竞争优势基于少数几个关键成功因素、关键资源以及核心竞争力

⑤保持灵活性，对所有竞争和市场变化做出及时反应

可持续竞争优势：

①企业确定独特的竞争定位

②根据战略定制运营活动

③相对竞争对手有明确的取舍与选择

④竞争优势源自各项活动之间的配称

⑤可持续性来自整个活动系统，而不是其中的某个部分

⑥运营效益只是基本条件

重新发现战略

1. 回避战略选择

为什么这么多公司都没有战略？为什么管理者回避做出战略选择？或者管理者曾经做出过选择，现在却常常让战略逐步退化或变得模糊不清？

人们通常总以为对战略的威胁都来自企业外部，缘于行业技术的不断革新或者竞争对手行为的变化。尽管外部的变化可能是个问题，但是对战略的最大威胁往往来自企业内部。即使是一个原本可行的战略也会遭到错误的竞争观念和组织性失误的破坏，特别是增长的欲望。

管理者对战略选择的必要性一直存在疑惑。当许多企业远离生产率边界运作时，取舍看似毫无必要。一家运作良好的企业似乎能同时在各个方面击败效率低下的对手。一些管理学学者也教导企业不一定要做出取舍，于是管理者获得了大无畏的气概，认为做取舍是一种软弱的表现。

超级竞争的预言让管理者惊恐万分，然而他们全盘模仿竞争对手的做法却反而增加了超级竞争出现的可能性。管理者被教导要从变革的角度思考，于是为了技术本身而追逐一切新技术。

追求运营效益的改善总是充满诱惑，因为它实实在在，并且容易付诸实施。过去10年来，管理者一直在承受不断增长的压力，要拿出切

实的、可以衡量的绩效改善。运营效益方面的各种项目带来了稳步的增长，但能否带来出色的赢利能力还不确定。充斥市场的商业书籍和咨询顾问们到处提供有关其他公司做法的信息，这进一步强化了管理者追求最佳实践的错误心态。许多管理者深陷于运营效益的比赛中，完全不理解制定战略的必要性。

企业还会因为其他一些原因回避或者模糊战略选择。一个行业中的传统观念通常都很强大，使竞争走向趋同。有些管理者误以为“以顾客为中心”就是满足顾客的所有需求或者对经销渠道有求必应。其他管理者则认为企业要保持灵活性。

组织中的现实情况也不利于战略。取舍总是让人担心，管理者有时宁愿不做选择，也不愿由于选择失误而受到责备。企业采取从众行为，彼此模仿，每个企业都以为对手知道一些自己不知道的秘诀。新近获得授权的员工们被鼓励去寻求每个改进的机会，他们常常缺乏大局观念，也没有眼光去辨识取舍。有时，因为不愿意让受到器重的经理人或员工失望，企业也会回避选择。

2. 增长陷阱

在所有影响战略的因素中，增长欲望对战略负面影响最大。取舍和限制初看起来会制约企业增长。比如，为一个顾客群服务而将其他顾客群排除在外，会对收入增长构成实际或意想的限制。面向广普顾客群的低价战略会导致失去那些注重产品性能和服务的顾客。实施差异化战略，又丢掉那些在乎价格的顾客。

管理者常常难抵诱惑，想逐步突破以上那些限制，结果却使企业的战略定位更加模糊不清。最终，增长的压力或者目标市场的明显饱和使管理者通过拓展产品线、增加新功能、模仿竞争对手广受欢迎的服务、调整流程，甚至收购来拓宽自己的定位。多年来，美泰克公司因专注生产经久耐用的洗衣机和烘干机（后来还包括洗碗机）而获得成功。不过该产业的传统观点主张应该销售全线产品。考虑到行业日趋缓慢的增长速度以及来自综合家电制造商的竞争，美泰克公司在经销商的施压和消费者的鼓动下扩展了自己的产品线。美泰克以美泰克品牌延伸到冰箱和厨房产品，同时积极收购其他品牌，其中包括尊爵（Jenn-air）、哈德维克微波炉（Hardwick Stove）、胡佛（Hoover）、将军（Admiral）和厨宝（Magic Chef）。美泰克公司的销售额从1985年的6.84亿美元猛增至1994年的34亿美元，但是其销售利润却从1970—1980的8%～12%跌至1989—1995年间的不到1%。削减成本可能会提高公司的业绩水平，但是支撑公司赢利的仍是洗衣机和洗碗机。

露得清公司也落入了相同的陷阱。1990年代初，它在美国的经销渠道扩展到包括沃尔玛那样的大型超市。公司以露得清品牌，延伸进入一系列不同的产品，比如眼部卸装液和洗发液。露得清在这些产品上不仅没有独特性，还冲淡了自己的形象。此外，它也开始采用降价促销。

追求增长的过程中出现的折中和前后不一致，将侵蚀企业最初的产品种类或目标客户带来的竞争优势。试图同时以多种方式展开竞争，会导致混乱，并且破坏组织的积极性和焦点。结果，收入虽然增长了，但利润却下降了。管理者没有能力做出选择，于是企业又开始了新一轮的扩张和折中。通常，竞争各方会继续互相模仿，直到绝望的气氛打破僵局，引起兼并或退回到最初的定位上。

3. 重获战略

大多数企业最初的成功都源于独特战略定位和明确的取舍，其各项运营活动也根据定位进行了相应配置。然而随着时间的流逝和增长的压力，企业开始采取折中做法，而这些做法在一开始几乎不易察觉。尽管每一次变革在当时看来合乎情理，但是经过一连串的累进改变后，许多成立多年的企业因折中路线而走上了与竞争对手的战略趋同。

这里谈论的问题无关那些原先的定位已不再可行的企业，因为那些企业需要像市场新进入者一样重新起步。这个问题非常普遍，是指那些成立多年但业绩平平、缺乏清晰战略的企业。这些既有的企业在逐渐增加产品种类、不断努力服务于新的客户群并模仿竞争对手的运营活动之后，失去了原本清晰的竞争性定位。典型情况是，这类企业跟进了竞争对手的产品和做法，并试图把产品出售给大多数的客户群。

有很多种方法可以帮助企业重获战略。首先，企业应该仔细审视自己的做法。在大多数得以在市场上立足的企业中，都存在核心的独特性，可以通过回答下列问题来辨别这种独特性：

①我们的哪些产品或服务种类最具独特性？

②我们的哪些产品或服务种类利润最丰厚？

③我们的哪些顾客最感到满意？

④哪些顾客、经销渠道或者购物场所提供的利润最丰厚？

⑤在我们的价值链中，哪些活动最与众不同和富有成效？

这个核心独特性，会因时间而渐渐地被掩盖，必须将外壳剥离才能看清其中的战略定位。少数几个产品种类或者少数客户群很可能占了企业销售额和利润的大部分。那么，企业的挑战就是要重新聚焦于这一独特核心，并围绕这一核心重新配置运营活动。核心之外的客户和产品种类要么出售，要么通过提价或者顺其发展的方法让其逐步退出。

企业的历史也能提供指引。创始人的愿景是什么？公司的发家产品和客户是哪些？管理者可以回顾过去，重新审视原来的战略，看看它是否仍然可行。管理者可以自问，既往的市场定位能否以适合当今技术和实践的现代方式实施？这一类思考会引发管理者更新战略的意愿，也会挑动整个组织去重获独特性。这种挑战可以振奋人心，为企业进行必要的取舍注入信心。

4. 有利润的增长

很多公司在经过 10 年的重组和削减成本之后，正把自己的注意力转向增长。然而，追求增长的努力往往会冲淡企业的独特性，导致折中行为、削弱配称，并最终破坏公司的竞争优势。事实上，追求增长的冲动对战略有害。

什么样的增长方式能维护并强化战略呢？一般来说，正确的增长之道在于深化既有的战略定位，而不是拓宽定位或采取折中行为。一种方式是寻求战略延伸，即利用既有的运营活动系统，为客户提供单独展开同类业务的竞争对手无法复制或者需要付出高昂代价才能复制的功能或服务。换言之，管理者可以自问，由于既有活动的补充，哪些活动、哪些产品性能或哪种竞争形式是可行的或者可以因此降低成本。

深化定位包括让企业的运营活动更独特，加强配称，并更好地向那些认可定位的客户宣传自己的战略。然而，很多企业无法抗拒“轻松”增长的诱惑，它们不断增加热门的功能、产品和服务，不仅不加筛选也不根据自己的战略对它们进行调整。或者企业就把眼光瞄向那些自己无法提供任何独特性的新客户和新市场。其实，如果企业能在自己具有独特性的需求满足或者产品品类上进行渗透，就能比进入缺乏独特性的高增长领域获得更快的增长和更加丰厚的利润。卡麦克如今是美国最大的电影院线，它的快速增长就是通过始终专注于小市场而实现的。

全球化通常能让企业在保持战略的同时获得增长，也为聚焦战略打开了更宽广的市场。全球拓展与国内拓展不同，它有望提升并加强企业的独特定位和形象。

想通过产业内多元化寻求增长的企业，应该建立相互独立的事业单位，并采用不同的品牌名称和相应活动，以此控制战略风险。美泰克公司显然没能解决这个问题。一方面，它把自己的各个高档品牌组成独立的单位，并为每个单位制订出不同的战略定位；另一方面，它却又在所有的品牌之上建立笼罩型的家电公司，以求总体上达到一个临界规模。如果设计、生产、分销和客户服务都在一个公司内共享而非独立配称，同质化就很难避免。如果某个业务单位想以针对不同产品或顾客的不同定位去参与竞争，那么就几乎不能避免折中的做法。

5. 新兴行业与技术

在一个新兴的行业制定战略，或为一项正经历着革命性技术变革的业务制定战略，都是令人生畏的差事。在这些情况下，管理者在关于客户的需求为何、客户最想要哪些产品和服务，以及什么样的活动和技术配置能最佳地提供产品和服务等方面都面临着很高的不确定性。正因为存在这些不确定性，模仿和骑墙的做法开始蔓延。企业不能冒出错或落后的风险，于是它们提供所有新功能，提供所有新服务，探索所有新技术。

在行业发展的这些阶段，行业的基本生产率边界被确立或重新确立。市场的爆炸式增长使许多企业在这一阶段获利，然而利润将是暂时的，因为模仿和战略趋同最终将破坏整个行业的赢利能力。只有那些尽早确立独特外部竞争定位并把它融入自己内部运营活动的企业才能获得持久成功。每一个新兴行业可能都会出现互相模仿的阶段，但是那个阶段主要反映了不确定性的程度，而不是企业想要的状态。

高科技产业的模仿阶段通常比一般行业要长。企业沉迷于技术创新本身，为自己的产品不断增添功能（其中的大部分功能从来都不会被用到），并且进行全面降价。取舍甚至根本不会被考虑到。市场压力推动了企业的增长需求，使得企业扩展到每一个产品领域。尽管少数几家具有基本优势的企业得以蓬勃发展，但大部分企业注定陷入一场没有赢家的比赛。

具有讽刺意味的是，那些关注热门和新兴产业的流行商业报刊倾向于把这些特殊案例作为例证，证明我们已经步入了一个竞争的新时代，所有旧的规则已经失效。事实上却刚好相反。

6. 领导者的角色

制定或重建一个清晰的战略是一项挑战，它对由人构成的组织挑战很大，因此要仰赖组织的领导者。因为组织中有很多力量反对选择和取舍，所以必须要有一个清晰而睿智的框架去指导战略。除此之外，愿意做出选择的强有力的领导者也是不可或缺的。

在许多企业，领导者已经退化到指挥运营效益和找生意的地步。然而领导者的角色应该更广也更重要。最高管理层不仅仅是各个职能部门的总管家，其核心任务是战略：界定并传播企业的独特定位，做出取舍，在各项运营活动之间建立起配称。领导者必须制定准则来决定企业应该对何种行业变化以及何种客户需求做出反应，同时防止组织出现分心，并且保持企业的独特性。低层经理通常缺乏坚持某一战略的意识和信心。组织中将会不断出现压力，驱使他们采取折中的做法、放松取舍或仿效竞争对手。领导者的一项工作就是向组织中其他人宣讲战略，并且制止错误的做法。

在战略中，选择不做什么与选择做什么同等重要。事实上，设定限制是领导者的另一项职能。决定企业服务于哪些目标客户群、提供哪些产品品类、满足客户哪些需求，是战略制定过程中的根本问题。然而，决定企业不服务于哪些客户或需求，以及不提供哪些特定功能或服务，也是战略制定过程中的根本问题。因此，战略需要持续的准则和清楚的沟通。事实上，一个清晰并经过充分宣传的战略，其最重要的功能之一就是指导员工做出选择，因为他们的个体活动和日常决策中都必须有所取舍。

改善运营效益是管理中必不可少的部分，但运营效益不等于战略。管理者混淆了两者的概念，于是不知不觉中掉入了错误的竞争思维，正是这种思维驱动许多行业走向竞争趋同，结果对谁都没有好处。不过，这种模式并非不可避免。

管理者必须把运营效益同战略明确区别开来。运营效益和战略都重要，但涉及的内容却截然不同。

运营效益涉及的是在任何不存在取舍的活动中进行持续改进。企业若在这方面没有做好，即便有优秀的战略，也是危险的。持续变革、灵活性以及力争达成最佳实践属于运营效益的范畴。相比之下，界定独特的市场定位、做出明确的取舍，以及加强各项活动的配称属于战略的范畴。战略工作还包括不断寻找能巩固和延伸企业的定位的途径。战略要有原则和延续性，涣散焦点与折中是其大敌。

战略延续性并不意味着静态的竞争观。企业必须持续地改善自己的运营效益，主动设法拓展生产率边界。与此同时，企业还必须坚持不懈地拓展自己的独特性并强化各项活动之间的配称。实际上，战略延续性会使一个组织的持续改进更富成效。

如果企业所处的行业发生了很大的结构性变化，那么它可能必须改变自己的战略。实际上，新的战略定位常常是因为行业的变化而出现的，而那些没有历史束缚的新进入者往往更容易占据新的战略定位。然而，企业选择新的定位后，就应该寻找新的取舍，建立一套新的互补性的活动系统，进而获得可持续优势。

第二节　定位与经营模式

关于“定位”

商业中的“定位”（Positioning）概念，最早于1969年由杰克·特劳特（Trout）首次提出，指企业必须在外部市场竞争中界定能被顾客心智接受的定位，回过头来引领内部运营，才能使企业产生的成果（产品和服务）被顾客接受而转化为业绩。

随着商业竞争日益兴起，先在外部竞争中确立价值独特的定位，再引入企业内部作为战略核心，形成独具的运营活动系统，成为企业经营成功的关键。定位选择不仅决定企业将开展哪些运营活动、如何配置各项活动，而且还决定各项活动之间如何关联，形成战略配称。

关于“战略定位咨询”

全球化经济和自由竞争市场的日趋形成，使得企业获取绩效的关键，从运营效益转向了战略定位。没有定位的企业，将陷入同质化竞争，从而带来利润不彰和投资未来的能力下降。战略定位的本质，是为企业在市场竞争中选择一个具优势地位的“决战地点”，实现某个领域的主导权，从而成为顾客心智的首选，胜出同侪。

没有明确定位的企业，将很难评估各项运营活动的真正有效性，甚至会因为追求运营效益而伤害企业既有蕴藏的定位。围绕明确的定位来设计企业运营活动，进行取舍和配称，有利于使各项活动都指向同一方向而发挥出应有作用，并使它们通过定位联结产生超越其本身应有的效用，最终令企业所有活动达至最优化，没有多余动作，整体上创造出最大价值。

忽略企业既往成功经营中蕴涵有的某样定位，将使企业迈向新领域发展时遭遇阻滞，并有可能造成主业伤害。识别出企业成长过程中蕴涵有的某个战略定位，对它进行深化发展，或者在此基础上实现协同性多品牌经营，是攻防兼优的增长之道。

企业经营的目的是为了创造顾客，缺乏定位的运营活动将停留于产品经营，难以打造出品牌而有效赢得顾客。品牌是竞争的基本单位，实现品牌打造需要选择好“决战地点”，以明确的市场竞争定位为前提。

管理大师德鲁克曾说过：

由于企业的目的是创造顾客，所以企业有而且只有两个基本功能，市场营销和创新。市场营销和创新能产生经济成果，企业其余的活动则都是成本。市场营销是企业独特的、唯一的功能。

企业要么选择差异化，要么选择灭亡，这就是定位理论的关键所在。

关于经营模式

诺贝尔经济学奖获得者熊彼特在他 1942 年发表的名著——《资本主义、社会主义与民主》中这样写道：

> 在迥然不同于教科书所说的资本主义现实中，有价值的不是那种竞争（价格竞争），而是新商品、新技术、新供应来源、新组织形式的竞争，也就是占有成本上或质量上有决定性优势的竞争，这种竞争打击的不是现有企业的利润边际和产量，而是它们的基础和

它们的生命。这种竞争比其他竞争有大得多的效率，犹如炮轰和徒手攻击的比较。

在零售商例子中，重要的竞争不是由增加同类型的商店引起的，而是来自百货店、连锁店、邮购商店和超级市场，这些商业机构迟早必然毁灭那些销路越来越窄的零售商店。

看到了吗？早在1942年，熊彼特就预言了像沃尔玛、戴尔、国美、苏宁之类的超级市场、连锁店、邮购商店的崛起。重要的不是价格竞争，而是经营模式的竞争，这如同“炮轰和徒手攻击的比较”。新的企业形式能产生更多的增值。方兴未艾的电子商务就是这类经营模式的变革。

第三节　战略咨询

什么是战略？战略之父波特写过专文对此有过解释。

如果问慧库最擅长的咨询领域是什么，不考虑慧库自己开发的精确化管理软件及在这方面的精通的话，那就应该是战略了。战略咨询是慧库最早接触的咨询领域，也是慧库客户最多、咨询最为成功的领域。

从宏观方面而言，慧库的战略管理咨询的思想主要来自三个方面：

①杰克·特劳特的“定位”和“重新定位”的战略思想；

②波特的战略理论；

③企业文化理论。

作为战略之父的波特的战略理论，任何一个做战略咨询的都是无法回避而应将其作为战略咨询的最重要的工具和手段。波特的战略理论为我们提供了一些具体的工具，这些也正是我们在为企业进行战略咨询中采用的工具的一部分。

战略选择

波特战略认为一个企业必须在三种战略中选其一而且只能选其一。这三种战略是：

（1）总成本领先战略（overall cost leadership）。其特点是：

①减少管理成本和运营成本；

②同行盈亏平衡点时，依然赢利；

③相对较高的市场份额。

（2）差异化战略又称别具一格战略（differentiation）。其特点是：

①产品差异；

②标准差异；

③文化差异。

差异化战略一般与扩大市场份额相斥。

（3）集中化战略又称目标聚集战略（focus）。其特点是：

细分市场、锁定（聚焦）特定客户。

前两种战略目标是全产业范围，此战略是锁定特定目标客户群体。

针对细分的特定市场，要么实现了总成本最低、要么实现了差异化竞争，是一种特定市场条件下的前两种战略的特殊情况。

五力分析

五力分析是波特战略理论的重要组成部分，它认为一个企业在竞争的市场中，要接受来自五个方面的力量牵制，企业的市场表现和竞争力在于同这五种力量的较量博弈的结果。这五种力量包括：

①新的竞争对手入侵。

②替代品的威胁。

③买方议价能力。

④卖方议价能力。

⑤现存竞争者之间的竞争。

SWOT 分析矩阵

SWOT 分析矩阵是战略分析的常用工具之一，是对企业从优势、劣势、机会、威胁四个方面进行分析的工具。

除了以上所列举的以外，还有企业三层业务链分析、企业核心价值及企业宗旨企业愿景分析、企业管控架构分析等。

第四节　波特的竞争战略

波特的竞争战略理论包括五力模型、三大战略。

五力模型

迈克尔·波特对于管理理论的主要贡献，是在产业经济学与管理学之间架起了一座桥梁。在其经典著作《竞争战略》中，他提出了行业结构分析模型，即所谓的“五力模型”，认为决定企业获利能力的首要因素是“产业吸引力”，企业在拟定竞争战略时，必须深入了解决定产业吸引力的竞争法则。竞争法则可以用五种竞争力来具体分析：行业现有的竞争状况、供应商的议价能力、客户的议价能力、替代产品或服务的威胁、新进入者的威胁。

这五大竞争驱动力，决定了企业的赢利能力，并指出公司战略的核心应在于选择正确的行业，以及行业中最具有吸引力的竞争位置。

波特认为，这五种力量通过影响价格、成本和企业所需要的投资直接决定了产业的赢利能力，而决定竞争的因素包括产业增长、周期性生产过剩、产品差异、商标专有、信息的复杂性、公司风险、退出壁垒以及竞争者的多样性。其中任何一种力量都由产业结构或产业基本的经济和技术特征决定，对于潜在进入者来说。存在规模经济、专卖产品差别、商标专有性、转换成本、资本需求、分销渠道以及绝对成本优势等进入壁垒，而购买者要受到买方的集中程度相对企业的集中程度、买方信息、后向整合的能力等因素的限制，供应商则会受投入差异、替代品投入的现状、批量大小对供方的重要性、与产业总购买量相关的成本等因素的制约，威胁替代品的因素是替代品的相对价格表现、转换成本和客户对替代品的使用倾向。在市场供给与需求不断变化和相互调整的过程中，产业的结构决定了竞争者以何种速度增加新的供给，而入侵壁垒则决定新的入侵者是否行动。

三大战略

竞争战略就是一个企业在同一使用价值的竞争上采取进攻或防守行为。流行的战略是降价，既打击到对方，也损害自己，形成负效应，进入恶性循环。

正确的竞争战略为：

①总成本领先战略（Overall cost leadership）。

②差异化战略又称别具一格战略（differentiation）。

③集中化战略又称目标集中战略、目标聚集战略、专一化战略（focus）。

第一种战略就是最大努力降低，通过低成本降低商品价格，维持竞争优势。要做到成本领先，就必须在管理方面对成本严格控制，尽可能将降低费用的指标落实在人头上，处于低成本地位的公司可以获得高于产业平均水平的利润。在与竞争对手进行竞争时，由于你的成本低，对手已没有利润可图时，你还可以获得利润。你就主动，你就是胜利者。

第二种战略是公司提供的产品或服务别具一格，或功能多，或款式

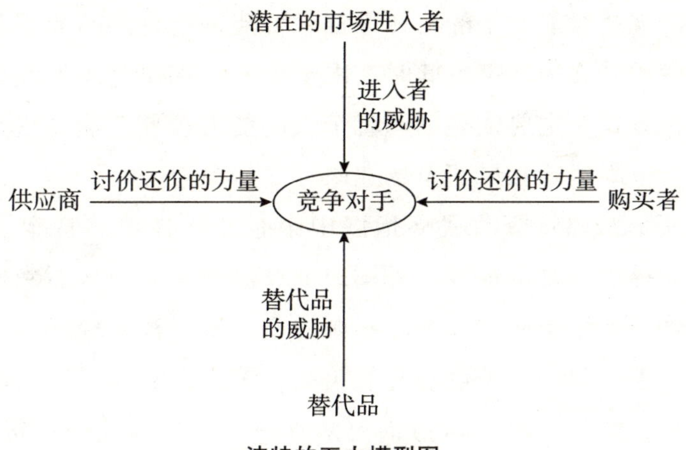

波特的五力模型图

新，或更加美观。如果别具一格战略可以实现，它就成为在行业中赢得超常收益的可行战略，因为它能建立起对付五种竞争作用力的防御地位，利用客户对品牌的忠诚而处于竞争优势。

最后一种战略是主攻某个特定的客户群、某产品系列的一个细分区段或某一个地区市场。其前提是：公司能够以更高的效率、更好的效果为某一狭窄的战略对象服务，从而超过在更广阔范围内竞争对手，可知该战略具有赢得超过行业平均水平收益的潜力。

第五节　生命周期与业务链

企业需要根据自己的生命周期来选择相应的战略。

创业期的中小企业特征及发展战略

创业期的中小企业刚刚成立，规模小，实力弱，资金缺乏但运行灵活，多是凭借技术或单一产品打开市场，风险大。员工受创业理念的激励，极具开拓进取精神。但消费需求的变化、行业技术的发展、替代品的出现及竞争对手的存在等都有可能对原有产品或服务构成威胁，使企业遭受灭顶之灾。此时，由于企业在规模上还不能承担团队合作的工作方式，主要依靠创业者个人的能力领导企业。主要应采用资源战略、依附战略和局部市场战略。

（1）资源战略：资源战略指以中小企业所在地的特定资源为基础，为社会提供主要由这种资源构成的产品或服务，从而确定企业生产经营战略。中小企业实施地区资源战略，要注意处理好以下三个关系：第一，眼前利益与长远利益的关系；第二，资源开发利用与环境保护的关系；第三，不能因为企业拥有一定的技术优势或资源优势，就忽视了产品质量和技术的改进。

（2）依附战略：依附战略是根据中小企业规模较小、产品单一的特点而制定的一种依附于大企业的经营战略。大企业为了获得规模经济效益，必然要摆脱“大而全”生产体制的束缚，求助于社会分工与协作。这在客观上增加了大企业对中小企业的依赖性。中小企业实施依附战略，要注意两点：一是在与大企业的协作中要尽量保持自主地位；二是注意在合作中壮大自己的实力，特别是形成自己的研发与创新能力。

（3）局部市场战略：局部市场战略是指中小企业根据所在地的市场特点，向局部市场提供产品或服务的战略。采用这种战略的企业，需要不断地破除地方保护主义的束缚，应随着需求层次的提高，不断地改进生产技术和产品质量，以抵御其他企业的入侵，并且要采用特色经营战略。

成长期的中小企业特征及发展战略

创业期的发展使中小企业核心产品的市场占有率得到提高，有了一定的资金积累，企业之间纷纷通过并购迅速打开市场，企业规模急剧膨胀，经营管理人员不断增加，管理和组织结构开始复杂化。由于企业各项管理制度尚未建立和完善，如果仅仅靠企业家个人能力来维护企业的高速运转，他所拥有的经营管理等方面的专业知识就可能显得不足，各种矛盾冲突就更容易发生。中小企业成长阶段可以根据自身发展特点选用成长型战略及竞争型战略。

（1）成长型战略：成长型战略包括市场渗透战略、市场发展战略和产品开发战略。

市场渗透战略是指企业利用其现有产品取得更大的市场占有率的战略。其主要措施包括改进产品的款式或包装、灵活定价、加强广告促销、增设销售网点、改善产品陈列方式等。

市场发展战略是指企业利用其现有产品去开发新市场的战略。其主要措施是认真对新市场进行调研，了解新顾客的数量、需求水平和购买方式，确定现有产品对新市场的需求能否满足，然后进入新市场。

产品开发战略是指企业为现有顾客提供新的产品或服务的战略，在实施相关多角化或非相关多角化的企业中最常采用。这要求企业有强大的研发能力。

（2）竞争型战略：竞争型战略包括低成本战略、产品差异化战略和聚焦战略。

低成本战略是指中小企业较长时期内保持着全行业范围内的低成本地位，中小企业难以通过规模经济来降低成本，但劳动力成本和管理成本一般具有明显的优势，这是其实施低成本战略的关键。

产品差异化战略是指中小企业提供的产品与服务在行业中具有独特性，可以表现为产品设计、技术特性、产品形象、服务方式等方面。

聚焦战略是指中小企业通过满足特定消费者群体的特殊需要，其突出特征是对某一类型的顾客或某一地区性市场实行密集型的经营策略。

成熟期的中小企业特征及发展战略

中小企业在成熟期各方面的发展都比较充分，经营情况稳定，管理和组织结构更为完善，有稳定的市场占有率。但由于竞争者的进入、技术进步等因素导致产品差异逐渐缩小，市场趋于饱和，利润空间骤减。此时，培养企业的战略管理能力，形成新的利润增长点变得尤为重要。根据自身发展的特点一般可采用名牌战略、多角化战略及国际化经营战略。

（1）名牌战略：名牌战略是企业为了使其品牌具有高知名度、高信誉度、高市场占有率和高经济效益而进行的总体策划。中小企业应树立名牌意识，在发展过程中不断的创名牌、保名牌和延伸名牌。

（2）多角化战略：多角化战略是指一个企业同时生产经营两种以上用途基本不同的产品的战略。主要包括市场相关多角化战略、纵向多角化战略、集成型多角化战略。

市场相关多角化战略是指企业从事的各项业务可以使用共同的销售渠道和促销手段，从而节约了销售费用。

纵向多角化（一体化）战略是指企业从事的各项业务是生产过程的前向或后向产品，这种多角化战略可以节约交易费用，但却增加了管理成本。

集成型多角化战略是指企业从事的各项业务之间在技术、市场及生产过程上都存在复杂的联系，对企业管理人员素质要求非常高。对于中小企业来讲，应更多地考虑采用相关多角化战略较为合适。

（3）国际化经营战略：国际化经营战略是指突破国家界限，向国外发展业务，参与国际分工和交换，实现产品交换国际化的一种战略。

中小企业在实际运作过程中，可以根据实际情况合理地发展策略组合，找到适合本企业发展的有效策略或策略组合。

衰退期的中小企业特征及发展战略

由于外部环境变化，以往的核心竞争能力现在只能算作一般能力。同时，企业内部官僚主义盛行，企业文化趋于保守、落后，严重阻碍了企业的发展创新和变革。中小企业衰退阶段的主要目标是追求再发展，革命性地改变企业的生存方式，使企业跨入另一个生命周期。此时，企业需要进行管理体系和组织文化等的转型，实现产品、技术和市场策略等的创新。因此战略选择主要有三种方向：一是继续发展壮大为一个大型企业或企业集团，具体可选择多角化战略、联合战略及国际化战略；二是选择稳定型战略；三是选择紧缩型战略。

（1）稳定型战略：稳定型战略是针对存在的问题，在尽量不增加生产要素投入的条件下，通过挖潜，保持现有的产销规模和市场占有率，巩固现有市场竞争地位的战略。

一般而言，实施稳定型战略主要是因为：中小企业实力较弱，企业满足于以往经营业绩；外部环境恶化，一时又找不到进一步发展的机会；对于领导者来说，对企业的外部环境及内部条件仍然不够了解，主张按现行战略执行。

（2）紧缩型战略：紧缩型战略是指在导致中小企业生产经营活动衰退原因一个或多个已经出现并得到确认的情况下对企业生产经营活动的局部或整体做出必要调整而采用的一种战略。

采用紧缩型战略的原因主要是：产品处于衰退期，企业走到危难的边缘；宏观经济衰退，或者通货膨胀严重，政府紧缩银根；企业决策出现重大失误，或新产品开发失败，财务上遇到严重困难等。

紧缩型战略主要有以下三类：一是改进战略。通过改进现行战略、努力提高销售收入、降低成本等方法来使企业扭亏为盈，转危为安。二是退出战略。企业要变卖某些没有用的设备以便使其渡过难关。三是清算战略。即企业为清偿债务，停止全部经营业务，出售或转让企业全部资产，结束企业的生命。

业务链是生命周期的必然选择。

以发展方向和时间为维度，我们可以将业务分为主要业务、战略业务和种子业务三种理想的业务组合，从而构成三层业务链。

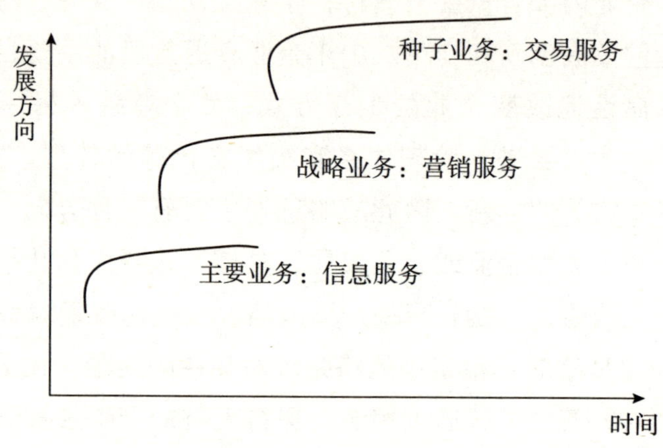

第七章

领导力：企业文化与愿景

菩萨道："你那法师讲的是小乘教法，度不得亡者升天。我有大乘佛法三藏，可以度亡脱苦，寿者无坏。"太宗正色喜问道："你那大乘佛法，在于何处？"菩萨道："在大西天天竺大雷音寺我佛如来处，能解百怨之结，能消无妄之灾。"……（玄奘）帝前施礼道："贫僧不才，愿效犬马之劳，与陛下求取真经，祈保我王江山永固。"

——第十二回

什么是西天取经的目的？是其愿景；什么是西天取经团队的凝聚力所在？是核心价值。而这些体现在企业内就是企业文化。

企业和管理实质是什么？是企业文化。

企业文化的表现就是企业的管理语言。

企业文化的实质就是企业的核心价值。

企业文化就是企业的生存之道。

企业文化说的就是管理问题与经营问题的总和，是经营如何通过管理去实现。企业文化就是企业的生存之道。

不少国外著名企业的负责人是这样说的：办企业最关键就是企业文化。这是如何理解的呢？

任何企业都有自己独特的企业文化，即使一个小卖部也具有自己独到的企业文化，因为企业文化是企业的生存之道。企业文化有强弱之分，但任何企业都有企业文化，一般来说，营销型企业比生产型企业的企业文化要显强势，大企业比小企业的企业文化要显强势。但无论如何，任何企业都有企业文化。没有文化的企业是死的，没有企业的文化是空的。

第一节 生存之道与核心价值

什么是企业文化呢？企业文化不是指企业领导的学历高低、有无文化，也不是指单位的黑板报、企业内刊和企业宣传做得好、标语多、口号多。事实上，企业文化就是此企业有别于其他企业的总和，是一个企业赖以生存的全部。这个企业为什么与其他企业不一样？这个企业为什么会是这样的形态？当你问到这些问题的时候，你就触及到企业文化实质性的东西了。如果简单地讲，企业文化的核心就是企业的价值观；如果从本质上说，企业文化就是企业如何生存以及生存的形态。

一个企业一旦诞生，马上就会遇到这样的问题：如何生存下去以及生存下去的目的是什么。一个企业诞生之初，甚至是诞生之前就要考虑到其定位，定位于企业生存“食物链”中的具体一环，企业以什么为原料？靠什么增值？产出又是什么？这就是定位。绝大多数生产出来的产品和服务是要靠特别的营销手段才能推销出去的，这就依赖于其独特的“生存技巧和方式”。

在企业文化的产生过程中，人的思维的活力是起关键作用的，表现为一个集体时，就产生了集体意识，这就是企业文化。所以，企业文化从其表现来说就是企业的集体意识。所以说，企业只要有生存压力，只要是独立的生存，那么它就会有企业文化，这是活的东西。没有文化的企业是死的企业；没有企业的文化是死的文化。这个结论很重要，企业文化是活的，企业文化就是生存之道。在这一点上，大多数企业文化理论并没有交代清楚。

我们再回到唐僧和《西游记》上来。

在东汉后期，董仲舒以统一帝国为前提构建的“君权神授”、“天人感应”的理论体系已经日暮途穷。穷奢极欲、凶暴肆虐，是南北王朝统治阶层共同存在的现象。南北朝，长江以南，分成很多小国家，形势相对平静些。北方，城头大王旗天天变换。说几件事情，来感受中国最黑暗的时期、来感受一下唐僧去西天取经的历史背景。

唐僧是隋朝末年、唐朝开国年间僧人，隋朝只有三十多年的历史，非常短暂，所以南北朝时期距离唐僧生活的年代并不遥远。

南北朝的北方五胡乱华，皇帝大多没有文化，全部是土匪出身。后赵皇帝石虎，他杀了兄长篡位而成为帝，想霸占其嫂嫂，嫂不从，帝说，你不从，我就杀你的儿子（帝的亲侄子），嫂无奈，久奸成孕，产一女，嫂羞而不养，溺毙之。帝知：你杀我女，我杀你儿。当即斩其亲侄子，又砍嫂，将其用席子包裹仍进护城河，嫂大幸不死，后出家成尼。

石虎儿子石邃，凶狠荒淫，夜淫大臣妻妾，犹不尽兴，于是找来美貌尼姑，先奸后杀，置美人头于盘中，而尸身与牛羊合煮，令左右佞臣根据盘中的美人头选择相应的与牛羊混煮的尸肉。

太子石宣欲杀父石虎自立。石虎捕石宣，用铁环穿其下巴，堆了山一样高的柴堆，将儿子拔发剜眼、剖腹削耳、截手断足，再放到柴堆上烧死。石宣的小儿子也被杀。

有个皇帝的儿子喜欢看书，帝大怒，撕了书，说，现在是刀剑说话的时代，再看，杀了你。历史上有名的竹林七贤，就是这个时期的，他们对时代彻底绝望，一曲《广陵散》成为千古绝唱。

知道佛教什么时候开始在中国盛行的吗？南北朝。佛教在最黑暗的时代成为人民心中唯一的光明。

对于唐僧去西天取经的原因，《西游记》是这样解释的，“这小乘教法，度不得亡者超升，只可浑俗和光而已”，“大乘佛法三藏，能超亡者升天，能度难人脱苦，能修无量寿身”。对西天取经的困难，玄奘是充分估计到的，但他坚持其价值观即企业文化。有问：“尝闻人言，西天路远，更多虎豹妖魔；只怕有去无回，难保身命。”玄奘回答：“我已发了弘誓大愿，不取真经，永堕沉沦地狱。我此去真是渺渺茫茫，吉凶难定。我去之后，或三二年，或五七年，但见那山门里松枝头向东，我即回来；不然，断不回矣。”唐僧的这段话，既表示了其坚定的西去取经的决心，又彰显了其西去取经的核心价值，而之后所组建的取经团队正是围绕着这个核心价值而存在的。

所以我们可以看出：唐僧去西天取经的目的是普度众生。由这个愿景而生的核心价值和理念，并由核心价值和理念组建、管理团队，正是这不动摇和不改变的核心理念，才是唐僧西天取经成功的根本原因和动力。

一个企业的存在是要有其生存空间的，就是其存在的道理和客户需求的。唐僧去西天取经，组成了一个公司、一个团队，这个团队的直接目标就是去西天取经。这个活动是有需求的，原因就是，大乘佛法能度人脱离苦难。

然而我们必须要知道，企业文化没有对错之分，（我们的分析是实证分析，不是规范分析），自由竞争、适者生存。注意：我们不是道德家，不去评判对错（实证分析），但提醒，任何事情都是有原因的。

企业成功经营之道

①经营。

②产品。

③营销与市场。

④组织与流程。

⑤管理。

⑥领导力：企业文化与企业战略。

⑦执行力：战略性绩效管理。

管理为经营服务。

领导力

①领导力关键就是企业文化的组建。

②管理的实质、管理的精髓就是企业文化。

③没有领导力，企业不可能成功；没有领导力，就谈不上执行力。

第二节　唐僧的团队管理：核心理念与践行的统一

读过《西游记》的读者一般都会把孙悟空当成是《西游记》的英雄人物、是主角，把唐僧当成是比较窝囊的、没有本领的、愚昧的配角。有没有道理呢？在《西游记》中谁是主角？

整个《西游记》全一百回，头七回写了孙悟空的身世，第八回则交代了沙和尚、猪八戒、白龙马，第九到第十二回写唐僧了，前八回只是徒弟身世的铺垫，主角应该是唐僧。

孙悟空是一个员工，确实本领很大，在所有员工中的本领是最大的，他的降魔除妖的业务量占到整个公司总业务量的70%以上，确实可以这样说，没有孙悟空，西天取经是不可能完成的任务。这一点，唐僧自己也很清楚，也很明确地公开表示过，孙悟空是取经的第一功臣。请大家设想一下，如果你来开一个公司，你本身没有什么业务能力，而你有个员工的业务能力很强，占了公司业务量的70%，你该如何去管理他？你会怕他离开吗？你会因为他业务量大而不敢开除他吗？

所以这就牵涉到一个问题：如何管理超能力的核心员工。用什么办法呢？用企业文化、用核心价值理念去管理。

唐僧团队的核心价值观是什么？

唐僧的身世是悲惨的：状元父亲被杀、丞相千金母亲被贼人霸占（小说中唐僧的身世与真实的玄奘大师的身世不同）。唐僧团队的核心价值观：普度众生。

八戒其实是一戒没戒，贪吃好色，违背教义。悟空是两次离开公司，一次炒唐僧鱿鱼，一次打白骨精后被炒。为什么不开除八戒而开除悟空？因为唐僧的理念是普度众生，杀生违背理念与核心价值。对悟空的管理是如何管理业务占70%以上的核心员工的管理。伟大的是唐僧，企业文化和核心价值，唐僧胜在领导力。唐僧的价值观决定了他不能轻易地“开除”员工，因为如果连“员工”“弟子”都不能度，那又如何度他人？所以除非是员工已经侵害了他人的生命。

唐僧的徒弟是些什么人呢？三个徒弟包括白龙马都是“刑满释放人员”，他们的归顺恰恰体现了“放下屠刀、立地成佛”的佛教理念。如果连徒弟都不能“整合”，那么佛教的“普度众生”的理念就是空话。

孙悟空、猪八戒、沙和尚分别代表了超能力员工、落后员工和普通员工。那么唐僧是如何管理的呢？

①成功的企业文化，伟大的企业价值观。

②成功管理超能力员工：价值观和威信。

③用企业价值观去管理落后员工和与价值观背离的员工。

④一般员工的管理。

第三节　企业文化的定义和组成

企业文化的定义

一个企业首先是定位，定位于一个“食物链”中的一环，它以什么为原料？靠什么增值？产出又是什么？这就是定位。但大多生产出的产品和服务是要靠营销手段才能推出去的，这就依赖于其独特的“生存技巧和方式”。在这个过程中，人的思维的活力是起关键作用的，表现于一个集体，就是集体意识，这就是企业文化的产生。

企业只要有生存压力，那么它就会有企业文化，这是活的东西。企业文化是活的、企业文化就是生存之道。

企业文化的核心问题：

①我们是谁？（Who we are?）

②我们为什么而活着？（Why we live?）

③我们靠什么方式活着？（How we live?）

我们是谁？这定义了优势；我们为什么而活着？这就是愿景；我们靠什么方式活着？这就是服务和增值方式。

企业文化是活的，是企业的生存之道，是企业的集体意识和集体无意识。企业文化包括：

①核心层

②制度层

③标识层

企业文化是企业价值观、企业宗旨、企业经营战略和企业管理策略的总和。企业文化偏重于管理和精神层面，企业经营战略偏重于经营层面。

企业文化组成

企业文化包括三个层面：价值核心层、制度层和标识层。

什么是企业文化？企业文化就是一个企业不同于其他企业的所有特征，是企业在经营活动中的价值取舍，企业文化就是企业的基因。

为什么那家公司没有像其他公司那样做？为什么他们与众不同？企业文化使然。任何企业都有企业文化，哪怕这个企业是个只有一个人的企业。企业文化生于企业诞生，亡于企业消亡。企业文化与企业共生，不以企业经营者有无自主意识去认知。没有两家企业的企业文化是完全一样的，经营不可复制，因为两个企业的基因是不可能一样的。

企业之间是如此的不同，以至于我们产生这样的念头，它们为什么会这样。有的企业内的员工上班可以穿拖鞋，有的则必须穿正装；有的企业内的员工必须上班准时，有的则不定时；有的企业内的员工要轮流为死去的公司创始人守灵；有的企业早上一早员工要大喊大叫，然后出去推销……不同企业的企业文化的差异程度，不亚于不同民族的文化差异。一种文化认为有上帝，一种认为没有；一种文化认为要到教堂做礼拜，一种认为在家也可以做礼拜。这种差异与上班穿拖鞋还是皮鞋、上班能否在家办公的差异是一样的。从某种层面上说，企业文化也是企业宗教。

一个人的公司有企业文化吗？有人认为企业文化产生的必要条件在于企业成员在相当长的一段时间里保持相互交往，并且无论从事何种经营活动均获得了相当的成就。这个结论是不正确的。一个人开了一个公司，只有他一个人，经营了三个月，倒闭了，但这个公司一样有企业文化。一家企业的企业文化是通过具体的条款来对外表现的，宣传册、口号、规章制度、形象、着装等，但是企业文化的制订者不会很多，企业文化的传递则需要很多人来实现，如同宗教中的传教士传教一样。同样的宗教、同样写在纸上的教义，在不同的人群中、通过不同的传教士的说教，最后表现出的意义也会有区别。英特尔公司的精确复制、通用电气公司的6σ执行起来是不容易的，这也就不难理解了。而相反，企业本地化则更多是与当地文化当地人群集体无意识的一种融合，是不得不做的事情。

有关企业文化的论著，都是将企业文化放在经营管理范畴内的，没有从经济学的角度去考虑企业文化的问题。韦伯的结论是文化决定一个国家或民族的经济，我们姑且不去判断这个结论是否正确，但企业文化是否是决定了企业的命运呢？企业的边界是否由企业文化决定？所以说，至少有一点，从经济学的角度来研究企业文化是件值得的事情。

所有关于企业文化的论述都特别关注企业文化与企业形象、企业文化对企业内员工之间关系和劳资关系的作用、企业文化与企业管理的关系，以及延伸到企业文化对业绩的间接影响等。从趋利角度考虑，自然会联系企业文化与经营业绩的关系，然而研究企业文化的本质更重要。

我们想要得出的结论是：企业文化就是企业的全部，企业文化是企业内的宗教。这种说法虽然不精确，但是对目前的论述的矫正。要精确地描述企业文化与企业的经济学关系，必须给出企业文化的定义。

企业文化是企业价值观、企业宗旨、企业经营战略和企业管理的总和。

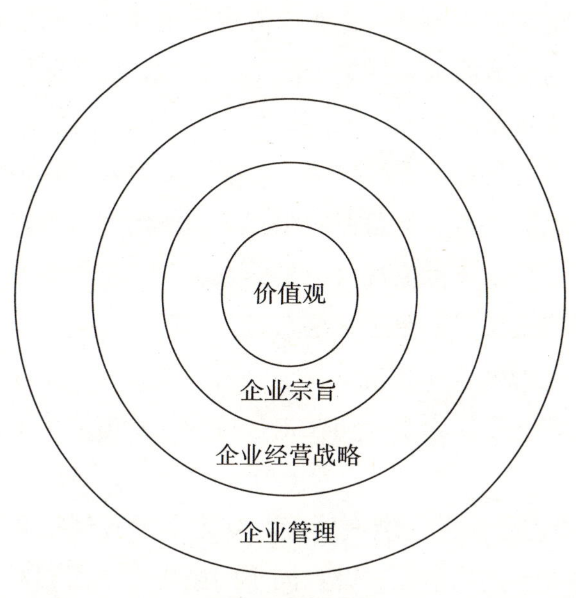

企业文化组成部分

企业文化包括三个层面：

（1）核心层：针对内部和外部，对外部是目的。包括企业价值观，宗旨，目标，理念（企业哲学），企业道德和企业风气（我认为是由上面四项引申的）。

（2）制度层：针对企业内部员工，是企业文化的具体执行的手段。包括培训和教育（磨合、认可、归属），程序化制度（流程、考核评比、规章制度），企业文化和风俗（集体意识，通过训练和教育形成；集体无意识，通过非高级交流手段而形成的）。

（3）标识层：包括视觉识别（标志、商标、色彩）和形象识别（徽记等），环境，产品，工艺设备，传播网络。

企业基因

企业文化受到的影响包括：地域的差异、企业的差异、个人的差异（因此：本土化问题和兼并问题是很突出的）。

企业价值观是企业的核。企业价值观是企业在经营活动中对所有可能发生的行为的价值取舍，是关于员工、客户、社会的价值取舍。企业价值观就是一个企业的基因。

一个企业的价值观不能简单从写在墙上的口号、宣传册中的词句中寻找，而要看他们是否实际是在雇用童工、倾倒污染废料等。如果不考虑价值取向，一个企业价值观可以是损人利己的，虽然他们不会公开这样承认，但事实上很多企业正在这么做。

之所以让人产生这样的错觉，小公司的企业文化不完善，而大公司的企业文化完善，是因为小公司在很多行为的价值取舍上没有规范，是可以任意选择的。比如，一个人开了一个小的商店，并没有对员工（其实就是老板自己）的着装有明确的规定，没有规定必须穿什么样的鞋子上班，等等。这种情况，就如同小的昆虫的基因相对大型的哺乳动物而言其基因要简单许多的道理一样，小公司的基因没有大公司的基因那样发达和完善。小公司没有规范这些价值取舍的原因是生存需要，这同样也是大公司企业文化完善的原因。

价值观就是企业文化的基因。

如果我们能像分析生物基因那样仔细分析企业文化的基因的话，那么，这对企业理论的发展是很有好处的。比如，企业并购行为就可以用企业基因理论去分析。

企业的基因组可以分为这样几组：

（1）生存基因组：企业在生存链中的地位，上层是什么、下层是什么、食物（客户）是什么、获取食物的手段（营销手段）是什么等。

（2）内组织基因组：规范企业的内部组织及各组织之间的相互关系。

（3）外环境基因组：规范企业与外环境的关系、与对手关系。

第四节　企业宗旨与企业愿景

企业宗旨

紧紧围绕着企业价值观这个核的外围一层是企业宗旨，企业宗旨是企业价值观的具体体现。企业宗旨是阐述企业存在目的的一段文字。

惠普公司从一个仪器仪表公司转变为一家大型的 IT 企业，就是得益于花了几百万美元从咨询公司那里买了几十个字的完全不同的企业宗旨。企业宗旨就是企业定位，回答了做什么、怎么做、为谁做和为什么这样做的问题。

> 企业宗旨是一个企业发展的灵魂，它应该包含企业的四个方面：
> ①增值活动。
> ②产品或服务及产业。
> ③客户或市场。
> ④企业的贡献。

下面我们以惠普公司的例子来说明一个企业的企业宗旨对公司的影响：

1992 年以前，惠普公司的企业宗旨是：

设计、制造、销售和支持高精密电子产品和系统，以收集、计算、分析资料，提供信息作为决策的依据，帮助全球的用户提高其个人和企业的效能。

1992 年以后，惠普公司的企业宗旨是：

创造信息产品以便加速人类知识的进步，并且从本质上改善个人及组织的效能。

企业宗旨制订的原则是：在企业宗旨里，定义产品和产业非常重要，产业的定义如果太窄，企业很容易随着产品和产业的衰退而一起走下坡路，如果定义太广，又容易搞不清企业的核心专业在哪里。

企业理念（或者，企业经营理念）就是企业理想，是企业价值观的另一种描述。企业目标是企业宗旨的重要组成部分，是为实现企业理想而必须完成的具体任务。企业目标按时间划分，有短期目标、中期目标和长期目标。企业目标属于企业宗旨范畴。

企业经营战略是为了实现企业理想和企业宗旨而制订的具体方法和实施步骤。

企业管理是在企业理念、企业价值观指导下的规范企业行为的规定，特别是规范了企业内部人与人之间的关系、人与资本之间的关系、企业与客户之间的关系等。

一个企业的经营理念，直接关系到企业的产品、市场、定位和经营策略。比如说，要让某种产品成为人人可以拥有得起的，或者，让信息唾手可得，或者，让电话随时随地可以使用。这些理念，与其相对应的理念，让某种产品成为贵族化和专业人士的象征，或者，让信息封闭安全，或者，让有线电话遍布全球乃至沙漠。不同的理念会导致完全不同的产品、市场、定位和经营策略。

约翰·科特的《企业文化与经营绩效》一书列举了很多企业的企业文化与业绩之间的联系。特别地提到了施乐公司和惠普公司。我们也想就这两个企业的企业文化与经营之间的关系发表看法。

让我们来看看施乐公司的一些实际表现。以下是一张表格，列举了由施乐公司发明但却成全了其他公司成功的一份新技术清单。

施乐公司发明的技术列表

Xerox 公司或其员工发明的新技术	该项技术造就的公司
GUI（图形界面操作系统技术）及鼠标	苹果公司及微软公司及整个操作系统软件产业
PostScript 语言	Adobe 公司
Ethernet IEEE802. 3 网络	3Com 公司及整个以太网络产业
激光打印机技术	惠普公司等整个激光打印机产业
复印技术	佳能公司等

难怪，施乐公司的广告词是"We lead，others copy"（我们引领，他人模仿）。为什么会这样？《企业文化与经营绩效》给出的分析是可信的，结论就是企业文化直接关系到企业的表现。

企业文化是如何作用于一个企业而影响到其表现的呢？回答了这个问题等于回答了宗教和文化差异如何影响国家经济一样。一个企业的企业文化是由最核心的企业价值观决定的。企业价值观再决定了企业宗旨、企业理想、企业目标，并由这些来影响和决定企业的制度和决策。从这个意义上说，现有的企业文化专著更多的是从员工的管理行为来分析的，而事实上，这些并不是最主要的原因。

一个小企业在创业者的带领下，艰苦创业，开拓市场、开发新产品，成为一个成功的大公司。这时，还是同样的人，还是同样的口号，但企业文化已经发生变化，价值观已经发生变化，不注重市场开拓，新产品开发出来却丧失时机，企业管理者开始自己的管理底盘，开始注重企业的办公环境建设、员工福利投入等。这实际上就是施乐的情况。

企业愿景

愿景是个时髦的新名词，很少被正确理解。愿景包含了两个部分：即核心理念和未来前景（核心价值观和公司目标）。

企业理想：企业理念（或者，企业经营理念）就是企业理想，是企业价值观的另一种描述。企业目标是企业宗旨的重要组成，是为实现企业理想而必须完成的具体任务。企业目标按时间划分，有短期目标、中期目标和长期目标。企业目标属于企业宗旨范畴。

企业经营战略：企业经营战略是为了实现企业理想和企业宗旨而制订的具体方法和实施步骤。

一个企业的经营理念，直接关系到企业的产品、市场、定位和经营策略：

①企业的管理核心、管理的精髓就是企业文化。

②对应于企业的经营，经营的核心是企业经营战略。

③企业经营战略在管理层面需要企业文化的支持。

④）企业文化的核心是企业价值观、企业宗旨和企业愿景。

⑤企业的领导力就体现在企业文化、战略和核心价值观上。

第五节　企业文化：只有合适不合适，没有对错

只有合适或不合适的企业文化，没有对或错的企业文化。企业文化本质上说就是一个企业如何在激烈竞争的市场中生存的方式。企业在市场环境中生存，约束其的是法律，所有有意义的价值判断都变成了法律约束，因此单纯的道德判断无意义，有意义的只有法律约束，因此针对于在市场激烈竞争环境中求生的企业来说，企业文化只有合适，没有对错（在法律的约束条件下）。

我们假设有两个企业，分别按儒家和法家的思想来作为其核心价值，并以此构建企业文化，那我们来看看分别会是怎么样的情形。

儒、法核心价值观的企业比较

以儒家思想为核心价值理念构建的企业文化：

（1）核心价值：儒家文化，依照孔孟思想，强调性本善；

（2）员工和人才观：认为人的本性善良，在员工管理上强调自觉、重视人的能力；注重和谐、人性善的挖掘；强调道德感化、强调价值判断；

（3）对客户：强调人性化服务，以客户为导向；

（4）内部德政。

以法家思想为核心价值理念构建的企业文化：

（1）核心价值：法家文化，依照荀子[①]思想，主张性本恶，强调通过后天学习而对行为矫正；

（2）员工和人才观：重岗位、重员工培训、重制度建设；强调员工培训和教育；轻价值判断而注重实际；

（3）对客户：规范化服务、产品化服务、以产品导向；

（4）内部制度建设、制度管理。

通过比较，你会发现两者差别是很大的。单就客户策略而言，就直接会导致不同的市场效果、不同的业绩。“以客户为导向”和“以产品为导向”是完全不同的。以客户为导向，往往跟随客户需求而使得产品和服务无法标准化、产品化。以产品为导向，是在客户需求与产品功能之间有清晰的界定，针对不同客户需求是以产品线、产品系列来满足不同需求的。

---

① 荀子是战国时期集大成的思想家，一般被认为是儒家，但同时他也是法家代表人物韩非子等人的老师，他对孟子等儒家有过激烈的批判。在这里，根据荀子的主张而将其归于法家思想以便对照。

任何核心价值观都具有两面性，任何价值观都有局限性，没有优缺点，只有特点。企业的核心价值观具有的两面性，可以成为市场中杀伤力很强的武器，但也会成为伤害自己的凶器。

比如，曾有一个企业的价值观是“厚德载物”，在实际运营中确实是按照这个价值观去做的，但遗憾的是其管理员工的方式及拓展业务的方式非常不成功。另有一个企业家的价值观是荀子的“人性恶”，这个企业家曾经是世界首富，如今身陷囹圄，他就是堤义明。

堤义明其人

对堤义明，索尼的盛田昭夫有过这样的评价：“我的最大不幸，就是我生在与堤义明同代。”堤义明曾说：“我的成功来自两个人，一个是我的父亲（堤康次郎），另一个是中国哲学家荀子。如果说堤康次郎是我的父亲，那么荀子就是我的教父。”

堤义明是堤康次郎与侧室所生，在堤康次郎众多子女中被指定为主要的遗产继承者，而他的父亲曾拥有日本六分之一的土地。堤义明信奉的是他父亲“不交朋友”的遗训和荀子“人性恶”的教义，这也是为什么他说其父亲和荀子在其人生中的重要性的原因。

堤义明的企业文化

（1）不用聪明人：他有“看人看三年”，“企业需要马拉松运动员”等名句。

（2）感恩与奉献：他认为出身较低的人，被提拔后会由衷地高兴，会更加恪守职责。堤康次郎死后，中层以上领导轮流守墓三年。

（3）做企业就是积累：做企业需要有形和无形多方面的积累，一项工作如果不做上 20 年，就不会成为真正的行家。

（4）做企业就是细节：高管只有对一线的细节分外在行并且乐意

参与，才会有公司正常的秩序和效率。这个理论，后来被杰克·韦尔奇发展为“深潜”理论。

堤义明的成功与失败

成也文化：人性恶的教义，本质是与西方的经济人假设是一致的，重视制度建设、重视员工的成长和培训这是其成功的一面。

败也文化：荀子的哲学非但没有帮助他战胜“人性恶”的宿命，反而把堤义明自己给击倒。堤义明，接掌西武集团40年，孤独决断，历经惊涛骇浪，躲过层层劫难，甚至那场席卷东南亚的金融危机也未伤到他。可是2005年3月3日堤义明却因虚报母公司持股比例而被捕入狱。

第六节　企业形象与品牌推广

企业形象建设和企业品牌推广也是企业文化建设的重要方面。

企业形象建设——CI（Corporate Identity）

①MI　企业理念识别系统的策划。

②VI　企业视觉识别系统策划（产品造型策划、包装装潢策划）。

③BI　行为规范标准化（内部行为规范、市场拓展行为、公共关系行为规范）。

④企业形象内外部推广企业形象战略的设计。

⑤企业形象战略研讨会。

企业文化建设——CC（Corporate Culture）

①企业文化诊断分析。

②企业文化战略规划。

③企业文化纲领，就是企业宗教本身。

④企业文化理念手册。

⑤企业文化传播手册。企业文化就是企业宗教，需要传播和培训。

⑥企业文化培训手册。

企业品牌推广（Image of the brand）

做企业就是服务、文化、品牌，而品牌是企业最外层，是面对客户最重要的东西，是市场和营销的全部。

（1）品牌规划：全国招商计划、营销策略制定、产品定位、营销网络诊断。

（2）品牌推广：媒体投放、影视制作、平面设计、终端物料设计、产品包装设计。

（3）品牌管理：销售人员培训、区域市场管理、终端形象管理、营销网络管理。

企业文化的梳理与诊断包括：

①企业文化诊断、梳理、定位、提升和变革。

②跨文化管理的诊断与融合。

③文化个性建模。

④企业文化发展规划。

⑤核心竞争力定位。

⑥战略共享调查。

⑦组织气氛调查。

⑧管理情景调查。

⑨领导行为调查（PM 测量）。

⑩企业内次文化（业务单元文化）诊断与建设。

⑪基于文化的发展战略。

⑫基于文化的人力资源体系。

⑬基于文化的组织结构。

⑭基于文化的流程再造。

⑮品牌信仰铸造。

⑯员工满意度咨询。

⑰企业文化审计。

⑱企业文化咨询审计。

⑲团队建设。

⑳企业形象识别系统 CIS。

第七节　领导的个人特质与领导行为 PM 测量

创业者的领导力即个人的特质对于一个企业的成功至关重要。具体地说，就是以下这几点：

①立足于热爱的行业并是能迅速成长的行业。

②有核心价值和核心竞争力。

③有企业愿景、战略目标及实现的方法和路径。

④有说服人的能力，有妥协的勇气，并有率领部下前进的能力。

而领导行为调查（PM 测量）可以相当细致地对领导的个人特质进行评估。PM 测量分为两大方面、10 类因素，其中两大方面即领导行为评价和工作情境评价。

领导行为评价

此种评价由各级领导的直接下属完成。在领导行为评价中包括两类因素。

（1）领导的工作绩效（简称P因素）：目的在于测量领导为完成生产任务而执行的领导职能。主要考查领导的专业知识水平、工作的计划性、依据工作计划和规章制度对下级实施领导的效能。

（2）领导的团体维系职能（简称M因素）：主要测量领导为完成工作任务而表现出来的对于集体的关心和维护。考查领导的工作方法，与下级的工作关系，促进工作团体团结的能力，领导对下属关心的能力，领导的组织、协调效能。

工作情境评价

此种评价由参加调查的被试者共同完成。在工作情境评价中，共包括以下8个因素题：

（1）工作激励：考查被调查者对本职工作的兴趣和责任感等，即由工作本身所获得的激励程度。

（2）对待遇的满意程度：考查被调查者对诸如工资、奖金等物质待遇及发放办法的满意程度。

（3）企业保健：考查职工本人及家属对本企业工作条件及环境等的满意程度。

（4）心理保健：考查被调查者在工作环境中的人际关系、职责范围以及由此而引起的紧张或不安程度。

（5）集体工作精神：考查工作集体的集体意识的强弱程度。

（6）会议成效：考查被调查者对以会议形式解决生产难题的效果及其意义的重视程度。

（7）信息沟通：了解组织内部上下级之间、同级之间信息交流和意见沟通等情况。

（8）绩效规范：了解工作集体设立工作目标和完成任务的集体规范。

企业文化：领导被架空

将西游记和水浒的管理模式进行对比，是有意义的。唐僧看起来是无能的，但是他始终没有被架空，他的企业价值观和文化始终是主线。反观水浒，则完全不同。聚义厅改成了忠义堂，108 将把晁盖排除在外，就是第一次文化变革。招安则又是一次文化变革。水浒的结局是悲剧色彩的。事实上，《水浒传》与《西游记》对应的企业文化的差异与宋江唐僧之间的差异是紧密相关的。

第八章

领导力：企业文化建设

（行者）跪下哀告道："师父！这是她奈何我的法儿，叫我随你西去。我也不去惹她，你也莫当常言，只管念诵。我愿保你，再无退悔之意了。"三藏道："既如此，伏侍我上马去也。"那行者才死心塌地，抖擞精神，束一束棉布直裰，扣背马匹，收拾行李，奔西而进。

——第十四回

第一节　企业文化的建设：核心层

企业文化的核心就是价值观。

我们首先来看看《西游记》里的企业文化的核心价值观吧。《西游记》的主角是唐僧，不是孙悟空。整个《西游记》全一百回，前八回只是徒弟身世的铺垫，主角应该是唐僧。

我们说唐僧是主角，还有一个原因就是，一个企业团队是否能取得成功，关键是看领导，这个领导就是唐僧。《西游记》里的师徒四人组成了一个团队，这个团队可以看成是一个企业，那么这个企业的企业文化是什么呢？企业文化的核心价值观又是什么呢？

与真实的玄奘的境遇不同，唐僧的状元父亲被杀、丞相千金母亲被贼人霸占，唐僧的身世是悲惨的。

企业宗旨

企业宗旨是一个企业发展的灵魂，它包含了企业的用户、经营手段和目的等要素。在近阶段，企业宗旨就是为互联网用户企业及个人提供诸如培训、集成、在线信息等服务，并在此经营活动中获取企业增值回报及利润。

企业理念

企业理念就是企业理想，是在企业宗旨下的企业的理想。

企业目标

企业价值观

“注重结果”是强调“十倍速发展”和“只有偏执狂才能生存”的英特尔公司的价值观，也是在摩尔定律作用下的IT行业的必然要求。

“注重结果，不看过程”是对员工考核的唯一尺度，只看其功劳，不承认其苦劳。公司是以利益为第一位的，公司不能容忍没有成果的工作、不能容忍命令得不到100%的贯彻。

“注重结果，不看过程”的实质包含了对员工的全方位的要求，因为没有业务能力、没有责任心、没有效率，等等，都是无法达到“注重结果”的要求的。所以“注重结果，不看过程”是对一个人综合素质的要求，是最直接、最精练的概括。

人才观：德才兼备，以德为主

德就是中国五千年文化的积淀在个人素质上的体现、是对工作的责任心、是对自己企业的自豪感和归属感。

企业的成功来自员工的奋斗。“给员工以机会，创公司之未来”，公司让每个员工在一个良好的合作环境中心情舒畅地工作，并为每个员工提供一个施展才华的空间。公司对员工的要求是十字规范：“敬业、诚信、责任、创新、成功。”

（1）敬业：你是在为你自己工作，不是为公司工作。

（2）诚信：诚实和守信是一个人成熟的体现，欺骗和谎言反映出一个人内心的恐惧、不平和、不成熟。

（3）责任：一个人能成为什么样、什么层次的人与他能承担多大的责任相关联，一个逃避责任的人是彻底的失败者、永远的失败者。

（4）创新：不创新、没有自己的新思想一个人就是个空的躯壳，是没有生命力的，是死亡的代名词。

（5）成功：成功是一个人给社会创造财富所得到的回报，是留给后人价值的体现。

企业要以价值观来招聘人，以价值观来培训人，以价值观来评估人。

（1）价值观是核心：要说自己能懂的话，要办自己能办的事，不能矛盾：比如，我有个广州朋友，人很不错，公司的价值观是厚德载物。我当时就说，不可行。一是太空泛，二是你做不到。办企业是得罪人的。还有个朋友的公司的企业价值观是员工与企业共同成长。这个更不可能。我的经历是这样的，员工如果跟不上企业的成长速度，就被淘汰。公司会因为你的离开而变好。你为什么会在我们公司，是因为你去不了更好的公司。你能去微软吗？你去不了微软，那我们公司怎么能超过微软呢？企业与社会不同，社会是不能淘汰个人的，但企业可以。社会上和世界上淘汰一个人或一个民族的说法是反人类的，但企业必须有淘汰机制。

（2）任何价值观都有局限性，没有优缺点，只有特点：它具有两面性，可以成为市场中杀伤力很强的武器，但也会成为伤害自己的凶器。

（3）关于德政与法政的关系：事实上，必须是均衡的，不能偏向于某一方面。公司是利益结合体，是非常现实的。倒闭的公司就是倒闭了，绝不是英雄。如果员工有高于目前工资的单位录用，一定会离开。这是现实的一面，需要制度规范，但另一面，人性化的管理和人情味是公司运转的不可或缺的必要因素。缺乏人情味的措施，有时是给自己和自己的公司掘坟墓。这里的关键因素，就是哪些是牵涉到核心价值观的，是原则、是不能妥协的，哪些是管的闲事。

第二节　企业文化的建设：组织与制度

为什么不从核心层谈，而从中间层谈呢？有两个原因，一是，新组建公司都是第一步先组建公司的架构、建立组织框架的，另一个原因是，我的讲法与众不同，要谈点可操作性的、实质性的内容。

一般的企业文化建设谈到企业架构和组织的时候，就开始谈具体的部门建设和规章制度了。我们不这样开始。

在讲企业文化建设之前，我提醒大家，我在这里不是教大家一些花拳绣腿，是在讲一些真功夫。我花两分钟讲一下李小龙。李小龙是学哲学的，毕业于美国纽约大学。他讲的一句话，我至今记得，他说："武术，就是搏击（打架），就是直接和速度，能直接打击，绝不摆架子。"

再次提醒大家，这里说的每一招都是有用的实战招数，没有一个是花拳绣腿。同理，企业文化也不是摆在墙上给大家看的。

在谈企业文化的时候，大家要时刻牢记一点最关键的东西：企业价值观。这个企业价值观听起来是很空洞的东西，但实际上是最最重要的、体现在企业文化的各个方面的。所以，我们谈具体的，引出抽象的。

假设，我们要建立一个新公司，假设，方向和行业我们已经选定了。这个时候，我们接下来的第一件事情就是建立公司的框架结构，有哪些部门、这些部门的关系、业务流程等。

这很容易就牵涉到公司的核心问题：人、财、物。牵涉到物流、现金流和工序流程。牵涉到人、财、物的管理。而这一切，核心是什么，业务的核心就是赢利模式或增值模式以及营销模式（采购、生产、销售和服务）。但从企业文化的核心上来说，就要牵涉到企业的核心价值。

我举几个例子。

第一个例子，我举历史上的例子。历史上最重要的一次变革，是秦始皇的变革，就是改分封制为郡县制。这个模式很像分公司的管理模式。事实上，当前的大多数分公司的管理都是采用郡县制的，但也有一些分公司的管理是采用分封制。那么大家看秦始皇是如何管理分公司的：设守、尉、监。

守就是分公司总经理，尉就是市场总监，监是监事，可以说是政委，也可以说是总部派来的财务人员。

这样设立的目的就是保证郡县制的延续（万万世）和稳固、权力的牵制、避免腐败、分裂。其核心的价值观就是集权思想、大一统思想、法家思想。

第二个例子，我有个公司是培训机构（以前的），我设了三个部门，培训部（教师）、行政部（文员、接待、咨询、报名等）。这个公司的价值就是：客户的成功才是企业的成功，提供人人能消费得起的服务。核心价值就是：只看结果不看过程。

第三个例子是没有实施的例子。家装企业。之前有纯设计公司、转包、马路游击队、价格高的正规公司。我的想法：低价格、正规管理、专职施工队。核心价值也是：人人能消费得起的服务、中低档但正规化的服务。部门：接待咨询，产品推介（只提供四五个样板，使得配件和材料的管理大幅度降低，同时采购量上去、价格便宜，质量可以控制），施工部门，生产部门（预制件，降低家装周期）、采购外协部。目的：减少工期、降低价格、减少成本、提高质量、正规化管理。特点是取消设计部门，强行推出装修套餐，实行积木式搭配，降低成本、控制质量。

当公司的框架建立后，相应的管理，也就是规章制度也就建立起来了。这个时候，其核心思想同样是企业价值观。比如：培训企业、家装企业。对人员的管理就会完全不同。

企业文化其实就是管理的全部，这里，特别说几个观点。

人的管理是艺术，但更多的是一门科学。它是可以建立在人的行为规律和心理规律上去研究的。

（1）公司对员工的管理，是以法律的边界为基石的：公司是社会中的一个团体，涉及法律的问题应该由社会去解决。同时，公司对员工的行为假设是以道德底线为假设的。这个概念是管理学上的一个命题。就是说，能偷懒而不被处罚的，他肯定会偷懒。能上班打私人电话不被制止的，肯定他会这样做。

（2）管理一定要与员工的需求挂钩：利益是员工的直接需求，如果一个管理条文没有与员工的利益挂钩，而只是泛泛而谈，那么这个条文一定是虚的。

（3）执行力：威信建立是执行力的关键；赏罚分明是执行力的巩固；过程监督是执行力的保障；文化归属是执行力的核心；时刻培训、反省可以收到事半功倍的效果。

（4）执行力的关键所在是威信：在规章制度健全的情况下，执行力提高有一条途径，也只有一条就是建立威信。孙子杀吴王的两个妃子的故事，以及商鞅“徙木示信”的故事都是讲树立威信的重要性。秦国就是从“徙木示信”那一刻起就开始走向了成为霸主的成功之路。而孙子如果不杀两个妃子，那他就是有天大本事，也不能训练出一支战无不胜的军队。

（5）管理的重要一条就是赏罚分明：赏而不罚会贪，罚而不赏则怠。

（6）管理的流程：下达指令并与绩效挂钩—半程多次检查回馈调整—检查结果并有所反应。

（7）强调团队：阈值理论的其中一个核心就是把企业不活动也有

的开销定义为阈值。这个阈值是个整体，门卫的开销与总经理的开销都是一样重要的，原因是一个整体：团队。如果门卫不重要，那么就干脆把这个职位删除，否则就不能轻视这个职位。对团队的评估不是衡量员工的最好的表现，而是那些落后的。决定一个木桶能盛多少水，是由最短的木板决定的。企业领导和人力资源部门就是评估并找出最短的木板并做出相应的决定。

（8）责任是非常重要的：逃避责任是人的天性，勇于承担责任是领导的基本素质。我经常说，一个人在什么样的位置是与其愿意承担并能够承担多大的责任相关联的。一个不愿意承担责任的人，一定不可能有什么领导能力。教育和培养员工承担责任必须是经常性的，同时，把结果与利益挂钩是对其责任感培养的最直接、最刺激也最有效的做法。

（9）管理分层的目的就是传递压力：不会分层管理、不懂得充分授权、不会信任员工、不知道如何传递压力，其实就是不懂管理。这往往是企业，特别是私营企业的通病。一般来说，没有外界因素的作用，一个白手起家的私营业主是比较难以越过这个坎的。

（10）企业内培训是非常重要的环节：管理的本质是造就人。毛泽东只对送给自己的四个称号中的一个感兴趣，那就是导师。邓小平也说毛主席的功绩在于培养了一大批干部。

企业文化的本质是一种自主经营活动的实体的集体意识和集体无意识。强化企业文化的手段就是建立起企业的发达的“神经组织”。

建立实时的信息采集及反馈系统

随着信息技术应用的推广，企业管理的信息化是非常有用的。比如MRP Ⅱ和ERP技术在生产型企业中有广泛和有效的应用，企业管理信息系统在各类经营和管理实体中有广泛的应用。

很少有理论将企业文化与信息化联系起来，事实上，文化是意识的东西，它的表现必然是现实的，它一定能通过实在的表现体现出来。企业家需要懂得心理学知识，但是企业家不是心理学家，更不能通过揣测心理来评判个人行为，必须以事实和现象来评判。信息化手段的加强为企业家提供可能。

信息化的加强不但是企业文化监督的手段，更是企业文化建设中的重要一环。

建立强有力的执行监督组织体系

监督是一个企业中重要的环节。

监督方式：

①财务监督。

②绩效监督。

③监督的手段采用信息化。

④监督依据依赖事实和现象，杜绝揣测。

职业经理人与家族式管理

职业经理人制的有效前提：

①健全的法制：目前对经理人和员工的职务侵占没有很强的法律依据，不对等待遇。

②经理人队伍不健全。

③经理人素质不高。

④道德风险更高。

⑤出路和办法：提拔公司内员工比外聘企业经理人要有效得多。

家族式企业管理

①理解误区：事实证明，大多数的成功的民营企业是家族式管

理的。

②家族式管理与现代企业经营管理不矛盾，可以找到平衡。

③家族式企业管理存在的问题：企业文化（对钱的态度、对人的态度）。

④家族成员担当监督工作将更有利于企业成长。

组织与效率

①每增加一个组织环节，就减少组织效率。

②减少公司内部环节是提高效率的重要有效的手段。

③监督反馈环节在大企业中至关重要。

非财务人员的财务管理

①非财务人员出现财务问题的可能：采购，客户短路，集体腐败，贪污和职务侵占，不入账。

②避免和处理手段及原则：实证判断原则与规则的统一，完善制度、抽查与暗访，借助设备：收款机、网络（餐厅、超市），复式记账法的借鉴，人员的任用与监督。

第三节　企业文化的建设：标识与产品

产品就是企业文化的一个载体。

①可口可乐是资本主义的象征。

②产品的文化功能通过广告传递，通过消费实现。

③产品设计、广告都必须与企业文化和产品吻合。

企业文化与生产（服务）流程

生产或服务流程体现企业文化，生产和服务流程是企业的重要环节，其间企业文化扮演重要的角色。

企业文化是为生存服务的，客户满意度的提升、降低流程成本是重要的手段。很多企业的核心竞争力正是在于此。

企业文化与售后服务

售后服务与产品质量存在巨大关联，需要平衡。

售后服务可以增加投入产出比。

售后服务应直接反馈给设计、服务流程等相关部门以调节。

第四节　松下企业文化与索尼企业文化的比较

松下幸之助的经营哲学

所谓企业经营，归根结底是人们为了共同幸福而进行的活动；因此，必须深刻地认识人的本质，并且根据这种认识去从事工作。

松下幸之助的经营哲学 20 条：

①树立正确的经营理念。所谓经营理念是对“公司为了什么而存在、其真正使命是什么”这个问题的明确回答和坚定信念。

②用生成和发展的观点去看待一切事物。

③对人要有正确的看法。

④正确认识企业的使命。

⑤顺应自然的规律。

⑥利润就是报酬。

⑦贯彻共存共荣的思想。

⑧应该认为社会大众是公正的。

⑨树立一定能成功的坚定信念。他的名言“成功靠运气、失败在自己”；“景气好、不景气更好”；“敢于牺牲才能取胜”。

⑩时刻不忘自主经营。

⑪实行“水库式经营”。

⑫进行适度经营。

⑬贯彻专业化。

⑭造就人才。

⑮集思广益。

⑯既对立，又协调。

⑰企业的经营管理是一种艺术。

⑱要顺应时代的变化。

⑲要关心政治。

⑳要心地坦诚。

索尼哲学

索尼哲学的主要内容用一个公式概括就是：索尼的成功之路＝为成大业而智仁勇争的企业精神＋独具特色的营销理念。

为成大业而智仁勇争：

①真正的资本是知识。

②优秀的经理会待人。

③难闯的市场偏要进。

④越是严酷就越要争。

独具特色的营销理念：

①不要指望找到现成的顾客，要通过广告、展览和表演，使潜在购

买人认识待售产品的真正的价值，掌握其正确使用方法，从而把顾客创造出来。

②不要贪图利润而允许自己的产品贴上人家的商标来出售，要创造自己的品牌。

③不要把商标只看作引人注意的小手段，而要看成企业的生命，是对顾客负责和保证产品质量的承诺；要动足脑筋想出独具特色的商标名称，并通过注册来加以保护。

④不要把产品全部卖给批发商，应该建立自己的销售网络，以便于尽量接触顾客，倾听消费者的意见。

⑤不要依赖外贸单位搞出口，虽然它们了解外国市场并在国外有办事处，但它们不懂产品，也不懂生产企业的经营思想，应该建立自己的国外销售网。

⑥不要认为订货数量越多就越应该降低单价给予优惠，订货数量如果多到难以保证生产能力稳步提高，就应该相反地提高单价。

⑦不要寻找乐于出卖低质低价产品的商人做销售代理，应该坚持提供高质量高技术的新产品，面向要求严格但有购买力的顾客。

⑧不要认为顾客服务是令人讨厌的工作，虽然配件的库存意味着利益的损失，但储备足够的配件以建立完善的售后服务网，却是绝对必要的。

⑨不要迷信广告万能，低劣的或时机不对的产品，靠广告和宣传也是无法推销的；而靠大幅度削价来清除存货，则是败坏企业声誉的最坏的办法；真功夫要用在提高产品质量和抓准上市时机上。

⑩不要以为销售机构越庞大越好，它的权力过大就会成为技术革新的敌人，不能让销售机构来指挥生产，但生产要有销售观念。

第五节　分公司建立与精确复制

精确复制

什么是精确复制？公司在开设分公司的时候，需要将公司成功经验和方法全部复制在子公司上，寄希望于子公司能迅速成功并与母公司保持高度统一和一致，这就是精确复制。企业采用加盟体系的时候，精确复制是确保加盟体系成功的关键。

精确复制的精髓是企业文化复制，精确复制的关键在于组织和流程的复制，精确复制的管控要点在于信息流的畅通。

分公司建设与母子公司管控

国内企业的公司治理现状还是相对落后的，特别是在母子公司管控方面是相对薄弱的环节。母子公司的结构比单一公司复杂，但又相对于集团公司而简单。有关集团公司管控，见本书的最后两章。

在组织架构方面，即使在规模庞大、管理完善的企业当中，每天都会发生后果严重的组织乱象。追究其原因，全都出在未能明确谁该做什么、谁有何职权以及谁该向谁汇报。组织架构不完备及不健全所产生的后果，破坏力十足。建立组织架构本身即为一种管理程序，乃是任何有效的管理制度中，不可或缺的一环。

母子公司管控的含义

母子公司管控的核心含义是指公司总部或者高层，对下属企业或部门采用的管理控制方式，其目的是为了更好地适应扩张了的公司、集团型企业、多元化经营企业的管理需求。

母子公司管控的概念包含了3个层次的含义：

（1）母公司对子公司的管控：这是最常见的母子公司管控形式；

（2）母公司对分公司的管控：这种形式也很多见，分公司不具备独立法人资格，在法律上可以分享更多集团公司的资源；

（3）母公司对供应链、联盟的管控：比如大型超市对供应链的管控、企业对加盟商的管控等。

母子公司管控体系的内容

我们认为母子公司管控是一项系统工程。母子公司管控系统工程的实施从母子公司管控平台的搭建开始。管控平台包括公司治理、集团战略、组织架构，以及由此形成的管控模式。

管控平台之于母子公司管控体系，就好比地基之于建筑物一般，没有地基，建筑物也可以建起，但是安全系数很低。所以，搭建母子公司管控平台是母子公司管控的第一步。

（1）公司治理：公司治理是企业最根源的层面，相当于企业生命的“DNA”，企业所有的管理体系、业务体系、权利体系、利益体系全部是公司治理这棵大树之根上长出的枝离叶蔓。同时治理管控也是母子公司管控中最为重要的环节之一，治理管控的底蕴就是通过集团内各权力机关相互之间的权力制衡和母子公司之间的职能制衡来进行集团公司管控运作。

（2）集团战略：战略的原意是指导战争全局的计划和策略，母子公司管控平台的集团战略是指集团母公司的发展战略。在当今不断变化的外部环境条件下，集团战略越来越显示出其重要性，可以说合适的战略是企业成功的前提。

集团公司战略规划的有四个重点：远景目标——为未来发展指明方向；发展战略——如何把握增长机遇；业务组合——怎样才能基业常

青；总部价值——为竞争优势创造源泉。与一般企业相比，集团公司的战略包含了提升总部价值的内容。因此，母子公司管控模式的设计不仅承担了一般企业战略推动实施的功能，而且还通过构建强有力的总部来创造企业的整体竞争优势。

因为集团公司是企业集团中的母公司，它的战略的成功与否，在很大程度上会对下属子公司或关联企业产生很大的影响。

（3）组织架构：在管控平台最后成型之前，必须建立多个子系统与之配合，在这里我们强调的是合适的母子公司管控模式是需要合适的组织架构与之相匹配的。

公司组织架构的形式有如下选择：直线职能制、事业部制、矩阵制、子公司制及多中心网络式。无论何种形式，运作的核心都在于在横向战略的基础上，通过识别和管理关联关系，使下属各个职能部门获取协同效应，增加竞争优势。

然而，影响集团公司组织结构的具体形式很多，除了竞争环境、公司战略、业务组合、行业特点，还包括企业规模、管理传统、政府政策、法律规定、集团所处的不同发展阶段，等等，甚至包括经营者的风格。因而在现实生活中，集团公司的组织结构实际上往往是以一种混合的形式存在的，它们多半是以母子公司制为基础，同时混以事业部制和直线职能制。

第九章

执行力：战略绩效管理

第一节　执行力与绩效管理

执行力是这些年来被说得最多的管理词汇之一。什么是执行力？一个企业如果执行力差了，那是什么部门该为此负责呢？

一个企业的执行力就是一个企业的战略性绩效管理的能力。

正如卡普兰所说的，没有办法衡量绩效的企业就谈不上有效管理，就没有企业的执行力。

慧库认为：

执行力的关键是威信建立。

执行力的巩固是赏罚分明。

执行力的保障是过程监督。

执行力的灵魂是文化归属。

我们认为企业有效的执行力和绩效管理依赖完善的、有效执行的公司规章制度。

绩效管理以个人绩效为基础，而个人绩效是人力资源管理的组成，因此绩效管理必须以人力资源管理起作用为前提。一个没有有效人力资源管理的企业是谈不上绩效考核和执行力的。

强有力的人力资源管理保障：招聘、薪酬、岗位等。

组织清晰、流程明确：个人定位。

企业执行力的提升依赖于绩效管理工具的选择，对此，慧库的观点是必须选择战略性绩效管理工具。普通的绩效管理工具与战略性绩效管理工具是有很大差异的，必须选择战略性绩效管理工具以确保执行力的有效提升。

第二节　人力资源与激励体系

慧库在人力资源方面积累了大量的经验，可以为企业提供全面的人力资源解决方案。

人力资源管理六大模块：

①人力资源规划

②招聘与配置

③培训与开发

④薪酬与福利

⑤绩效管理

⑥员工关系

出于对公司稳定和持久增长的考虑，越来越多的人关心起“激励机制”的建设问题。很多人都认为激励机制建设是人力资源范畴里的事情，如果仅仅是奖罚问题、如果仅仅是发奖金问题，那可以说激励是与人力资源问题有关，但如果要进行股权激励，那就超出了常规的人力资源问题了，这是法人治理结构的问题。有关更深层次的“激励机制”建设问题，请见法人治理结构与激励机制建设。

人力资源最核心的问题是执行力与绩效管理，以及战略性绩效管理工具 BSC 平衡记分卡。

第三节　什么是绩效考核与绩效管理

什么是绩效

首先我们要问这样的问题：什么是绩效？从管理的角度看，绩效是组织期望的结果，是组织为实现其目标而展现在不同层面上的有效输出。

绩效是成绩和结果。

从公司的角度来说，“要完成两千万的销售指标”、“要争取上市募集两个亿”、“占据市场份额的40%以上”等，这些都是目标，都是绩效衡量的指标。

当然对一个公司而言，这些任务是不可能由老板一个人来完成的，也不可能由一个部门来完成，那么必须分工，将任务分解，落实目标。

所以说，绩效包括了个人绩效和组织绩效两个方面：

一是组织绩效以个人绩效为基础；

二是个人绩效的成功并不一定意味着组织绩效的成功。

我们走路，每一步走的都很标准，但走的方向不对，那么我们一定无法达到目标。上午九点上班、下午六点下班，很准时、不迟到早退，但这行为并不一定能带来组织绩效。所以说，个人绩效的成功并不意味着组织绩效的一定成功。

如果组织的绩效按一定的逻辑关系被层层分解到每一个岗位、每一个人，只要每一个人都达到了组织的要求，那么组织绩效就实现了，但是组织战略的失误可能造成个人绩效目标实现而组织却失败的后果。这样，我们就引出了一个重要的概念：战略型绩效管理，而这个议题正是我们将要重点讨论的。

绩效是什么？绩效是员工对组织的承诺。一个人进入组织必须对组织所要求的绩效做出承诺，这是进入组织的前提条件。从经济学的角度看，绩效与薪酬是员工和组织之间的对等承诺关系：绩效是员工对组织的承诺，薪酬是组织对员工的承诺。这种对等承诺关系的本质，体现了等价交换的原则，而等价交换的原则是市场经济的基本运行规则。

我们来看一个案例：

摩托罗拉公司的案例。在摩托罗拉，关于管理和绩效有一种这样的观点：

企业 = 产品 + 服务

企业管理 = 人力资源管理

人力资源管理=绩效管理

摩托罗拉公司把绩效管理看成是一个不断进行沟通的过程。在这个过程中，员工与主管以合作伙伴的形式就以下六个问题达成一致：

①员工应完成哪些工作？

②员工所做的工作如何为实现组织目标作贡献？

③用具体内容描述怎样才算好员工？

④员工和主管怎样才能共同努力帮助员工改进绩效？

⑤如何衡量绩效？

⑥确定哪些是影响绩效的障碍并将其克服？

所以我们可以看出，绩效管理关注的是员工绩效的提高，而员工的绩效的提高又为实现组织目标服务，这就将员工和企业的发展联系在一起，同时也将绩效管理的地位提升到战略层面。

特点：

①员工与主管是伙伴关系。

②强调具体的、可操作性的。

③绩效管理是一个系统，用系统观点看绩效管理。

在摩托罗拉，绩效管理包含了五个方面：

①绩效计划和目标制订。

②持续不断的绩效沟通。

③事实的观察、收集和记录。

④绩效评估会议。

⑤绩效诊断和提高。

绩效，又称工作表现，一般包括两个方面。一方面指工作结果，相当于通常所说的业绩，如工作效率或利润；另一方面指影响工作结果的行为、技能、能力和素质等。因此，绩效既包括静态的结果内容，也包括动态的过程内容，两者相辅相成。结果是工作的最终目标，过程则影响和控制目标的实现。

特别需要指出的是，组织绩效是一项系统工程，绝不是哪一个部门单独的事情，牵涉到企业的战略、文化、组织和流程。我们的视角将侧重在组织绩效上。

什么是绩效考核

绩效考核，又称为绩效评价、绩效评估或绩效考评。管理大师彼德·德鲁克说："你不能评价，就不能管理。"

绩效考核的一般步骤：

①绩效的识别。

②绩效的衡量。

③绩效的反馈。

绩效考核是人力资源管理中的一个重要环节。绩效考核的传统归属是人力资源部门负责。

绩效考核主要是根据人力资源需要，对组织中人员绩效进行识别、衡量和反馈的活动过程。

你知道吗？

①在人力资源管理活动中，实施绩效考核可能是一项最棘手的任务。

②在美国，对采用绩效评价制度的 92 家俄亥俄州的公司调查中，65% 的公司对考核制度不满。

③另一项调查显示 80% 的公司对其绩效考核制度不满意。

④全面质量管理理论的先驱威廉·E. 戴明认为，绩效考核是美国企业管理的七大致命弊病之一。

什么是绩效管理

绩效管理是一个完整的系统，它将员工绩效和组织绩效相融合，将员工绩效管理提升到战略管理层面。

绩效管理系统包括：

（1）目标/计划：制订绩效计划。绩效计划是绩效管理的开始，即依据企业战略目标制定绩效目标。通常一份有效的绩效目标必须具备以下几个条件：

①服务于企业的战略规划和愿景

②基于员工的职务说明书

③符合 SMART 原则，即明确（Specific）、可衡量（Measurable）、可达到（Attainable）、相关（Relevant）、有时间期限（Time－bounded）

（2）指导/教练：持续不断的沟通。沟通原则：真诚、及时、具体、定期、建设性。

（3）评价/检查：信息的采集和必要的记录。在绩效考核中以事实说话，避免考核时出现意见分歧。

（4）回报/反馈：绩效考核的结果反馈。

（5）改进/提高：诊断和提高。

主管和员工共同参与、主管和员工通过持续沟通，将企业的战略目标、管理者的职责、员工的工作绩效目标、管理者和员工的伙伴关系等传递给员工，并在持续不断的沟通过程中，管理者帮助员工消除工作过程中的障碍，提供必要的支持、指导，与员工一起完成绩效目标，从而实现组织的战略目标。

绩效管理与绩效考核密切相关，可以说，绩效管理是绩效考核的延伸与发展，同时绩效考核是绩效管理的一个重要组成部分，但又不等同于绩效管理。

绩效管理具有以下几个主要特点：

①系统性。

②目标性。

③强调沟通和指导。

④重视过程。

正如绩效管理概念所界定的，系统性是绩效管理的首要特点，绩效管理是一个系统管理，它是人员绩效与组织绩效相融合的系统管理。在这个系统中包含两个不同层面的绩效管理：组织层面与人员层面。这两个层面的绩效管理互为一体，构成一个有机的绩效管理系统。

什么是战略性绩效管理

什么是战略性绩效管理？

①什么是企业的本质：契约理论。

②绩效管理就是在契约条件下，对“管人”、“管事”的统一；个人行为与企业行为的统一。

③绩效管理需配合人力资源管理：薪酬、晋升、人力资源开发等。

④普通绩效管理是针对个人和员工的绩效管理；战略性绩效管理更是企业的绩效管理，是战略落地的工具，也是战略实施的工具。

⑤普通绩效是个人绩效，战略绩效是组织绩效。

常规绩效管理与战略绩效管理比较表

个人的、员工的绩效管理：对个人进行考核	组织的绩效管理： 通过个人绩效考核实现组织绩效
以人或以事为中心	以战略目标为中心
隶属于人力资源范畴，仅仅是部门内的事情	战略执行，需要整个企业的协调
存在这样的案例：常规绩效管理成功，但企业的组织绩效管理失败	实现个人绩效和组织绩效的完全统一
静态管理	动态、逼近组织最佳、不断调整的过程

纠正你的误区：

①战略性绩效管理可以在战略相对模糊、但目标相对清晰的条件下实施（战略梳理不是必需的）。

②战略性绩效管理的实施必然影响到流程和组织，引发流程优化和组织再造（流程和组织梳理不是必需的）。

③战略性绩效管理必须依赖普通的个人绩效管理（人力资源部门的功能起作用是必需的）。

战略性绩效考核结果应用：

①战略性绩效考核将直接提供改进企业组织和流程的量化指标。

②个人绩效或创造价值低于社会平均，该流程将被外包或取消。

③流程再造是为了提升组织绩效；流程一旦改变，组织也相应调整。

建设战略性绩效管理体系的 10 个要点：

①确定项目目标。

②获得高层支持。

③建立项目团队。

④明确项目先锋。

⑤教育培训教练。

⑥发现因果关系。

⑦及时报告结果。

⑧分解战略目标。

⑨结合流程管理。

⑩融入日常管理。

第四节　战略文化与绩效管理

企业是一个系统，企业管理是一项系统工程，是所谓牵一发而动全身。那种认为“绩效考核只是人力资源部门的事情”的看法就是错误和片面的。

我们这里重点介绍战略文化与绩效管理的联系，是因为：

①战略性绩效管理已经成为主流。组织绩效的一个重要基础就是企

业的战略目标；

②如同绩效考核不是人力资源部一个部门的事情，战略也不仅仅是企业高层的事情；

③绩效管理，特别是组织绩效层面，其最重要环节就是与战略挂钩，就是要实现战略落地。

战略性绩效管理的基石是契约文化和代理理论。

西方的公司发展的思想基础是“契约”文化，由此而发展出“代理理论”和“经理人制度”等。

经理人的血管里应该流淌着信托的责任。

①经理人制度是建立在契约文化之上的。

②经理人履行的是一种信托责任。

③整个契约文化的三个关键要素：平等、公正、信用。

契约理论不但作用于企业与个人，也延伸到企业与企业（企业的扩展）。

什么是执行力

成功企业依靠三力：

（1）领导力：企业文化、核心价值观、战略，做领导就是成为唐僧：坚定的信念、明确的战略目标、钢铁般的意志。

（2）管理力：组织架构与流程，组织和流程必须与战略相关。

（3）执行力：执行力的本质就是人力资源管理，人力资源管理的目的就是绩效管理。

执行力靠人：

（1）威信建立：执行力的关键。

（2）赏罚分明：执行力的巩固。

（3）过程监督：执行力的保障。

（4）文化归属：执行力的核心。

结论：

①企业的契约理论代表了企业文化、企业形态发展的一个方向。

②契约理论要求企业内部必须以公正、信用立，因为这是减少交易费用减少内耗的唯一方式。

③没有公正和信用的公司就没有执行力。

第五节　绩效考核的技术与工具

绩效目标的确立

建立和制订绩效目标是开放和设计绩效管理系统的首要环节。绩效目标的建立过程是将组织目标分解转化为绩效评估中的可操作的、明确的绩效目标，是一个从“软目标”到“硬目标”的过程。

所谓软目标，是SOFT（Some Othe Future Time）的目标，体现的是企业的意愿、愿景和蓝图。

所谓硬目标，是SHARP（Specific，Hard，Actionable，Realistic，Plans），体现的是一种可操作、可衡量的具体可行的计划和步骤。

而建立绩效目标的原则是SMART原则：即明确（Specific）、可衡量（Measurable）、可达到（Attainable）、相关（Relevant）、有时间期限（Time－bounded）。

设立绩效目标的考虑：

①什么是绩效目标？对绩效目标要描述具体、明确。

②何时实现绩效目标？绩效目标应有时间期限。

③什么是绩效目标的评价尺度？明确界定目标，达成的标尺：成本、速率、比率、数量、质量等。

④怎样实现绩效目标？实现绩效目标的关键途径和方法，对员工而言，是其技能、能力和价值观。

⑤谁领导和支持员工绩效目标的实现？在员工绩效目标实现过程中，谁承担主要的职责。

⑥考察目标进程的间隔。

⑦目标进展状况如何？在目标实现过程中，不仅定期考察目标的进展，而且要跟踪目标的进展状况。

通常目标进展状况有五种：

①绿色：与计划一致。

②黄色：工作开始，但有差异，需要调整。

③红色：工作尚未开始。

④完成。

⑤修改完成。

绩效目标的订立是讨论的结果，是管理者与员工共同讨论的结果，这是绩效管理沟通的一个重要环节。

绩效考核的指标

绩效是个多维度的概念，为了对绩效评价进行客观而详细的分析，需要采取一种综合的观点，即从过程动态和结果静态相结合的角度，认为绩效不但包括工作结果，还包括工作行为、工作能力等因素。

一般说来，有效的绩效考核指标应该具有以下几个特征：

①与企业战略相一致。

②可操作性。

③高效：去除无意义、无效率的绩效考核指标。

④高可信度：一般说来，数量化指标的一致性很好，而行为指标一致性就差。

⑤可接受性。

结果导向的考核指标

有一些管理学者，如约翰·伯纳丁、S. 凯恩、M. 阿姆斯特朗等认为绩效就是工作结果产出。为了评估和考核员工的工作结果，必须弄清楚三个问题：

①员工必须在哪些领域付出努力？

②在每个领域内，我们期望员工达到什么目标？

③工作结果如何评估和考核？

通过工作分析明确工作职责，是设计绩效考核指标的基础性工作。在美国，大约有90%的工作分析是为了进行绩效考核。工作职责通常在职务说明书里明确规定，工作职责相当稳定，不随考核年度变化。工作职责的作用好比标签，把具体工作内容划分为几个模块并表明任职者对哪些领域的工作结果负责。这些领域也就是所谓的关键工作领域（或关键成果领域，KRA，Key Result Area）。值得注意的是，工作职责不是目标，不是对工作结果的表述，工作结果比较稳定，而目标却经常发生变动。

比如，人力资源经理的工作描述，其KRA是：

①人力资源规划。

②招聘选拔。

③员工发展、培训、晋升。

④薪酬管理。

⑤绩效考核。

常见的KRA见下表：

部门类别	KRA
高层管理	企业运营、市场开发、组织结构、企业文化、资产管理、董事会关系、生产率、财务策略、公共关系、法律法规等

续 表

部门类别	KRA
财会	财务分析、成本控制、财务信息管理、信用、内部审计、财务报告、风险评估、财务凭证保管、现金预测、现金管理等
销售	开拓新市场、销售区域管理、开发销售技能等
生产	库存控制、设备管理、控制浪费、生产安全、质量管理、生产记录等
人力资源	招聘、员工关系、员工开发、人力资源规划、薪酬体系、绩效考核、人力资源信息系统管理等
市场	广告、促销策略、定价、市场研究、现场支持、市场宣传材料、媒体关系、销售支持、代理商关系等
行政秘书	信函、文件、档案、办公设备维护、办公用品、表格管理、时间日程安排、会议管理、电话管理、项目支持等

KRA 的特征是描述简洁、数量控制在 3 ~ 7 个左右。正确分析和撰写职务说明书、明确 KRA 就为设置工作目标打好了基础。而制订 KPI 的前提就是完善 KRA。KPI 一般都是结果导向的，遵循 SMART 原则。

尽管绩效考核指标很多，也就是尽管企业可以使用多种指标对绩效进行考核，但是衡量工作产出结果的评价指标只有四类：

①质量指标：合格率、次品率、返工率、返修率、准确率、差错率、投诉次数等。

②数量指标：产量、销售量、销售价格、销售利润等。

③成本指标：总成本、单件产品成本、人工成本、采购成本、经营成本等。

④时间指标：生产周期、交货时间、研发周期、单位处理时间等。

过程导向的考核指标

很多管理学家认为绩效不是行为的结果，绩效就是行为本身。而过程导向的考核强调了履行工作岗位职责的胜任力。胜任力（competence）是工作情景中与有效的或者卓越的业绩有因果关系的潜在个人特质。所谓潜在特质是指存在于个体性格中比较深层的，并且比较持久的能力，可以通过它来预测个体在各种条件下和完成工作任务的行为。而这里提到的因果关系是指能力可以产生或者预测行为和业绩。

胜任力包括动机、特质、自我概念、知识、态度、价值观、认识技能和行为技能等。在企业中，通过沟通和记录来识别和评估员工的胜任力。

常见的绩效考核的方法

企业的执行力是靠工具和方法实现的。常见的绩效考核的工具有：360°考评、KPI、BSC、6σ 等。

对一个企业来说，选择战略性绩效管理工具的出发点和考量是：

①绩效考核工具与企业文化有关。

②绩效考核工具与所在行业有关。

③很多绩效管理工具并不是战略性绩效管理的工具，应首先考虑战略性绩效管理工具。

执行力：战略性绩效管理

①绩效管理为企业战略而服务。

②绩效管理以企业文化为灵魂。

③绩效管理以人力资源为保障。

绩效管理实施的前提是：

①完善的、有效执行的公司规章制度。

②绩效管理以个人绩效为基础，而个人绩效是人力资源管理的组成，因此绩效管理必须以人力资源管理起作用为前提。

③强有力的人力资源管理保障：招聘、薪酬、岗位。

一是干部能上能下；

二是待遇能高能低；

三是人员能进能出。

④组织清晰、流程明确：个人定位。

360°考评

上级、下级、同级、内部客户、外部客户，以及本人对自己进行考评，即360°考评。360°考评存在的问题有：

①考评系统相对复杂。

②时间成本高。

③干扰因素多。

④东西方文化差异：平等、竞争。

KPI

KPI，Key Performance Indicators，即关键绩效指标，是衡量企业战略实施效果的关键指标，其目的是建立一种机制，将企业战略转化为内部过程和活动，以不断增强企业的核心竞争力和持续地取得高效益。

KPI是对企业组织运作过程中关键成功要素的提炼和归纳，它是一种将企业战略目标分解成可运作的工具。

KPI是用于评价被评判者绩效的可量化或可行为化的指标体系。它必须是可量化的，如果难以量化，也必须是可以行为化的，如果可量化和可行为化两个特征都无法满足，那么这个指标就不能称为KPI。

KPI 符合一个重要的管理原理："二八原理。"20% 的骨干人员创造企业 80% 的价值；80% 的工作任务是由 20% 的关键行为完成的。

KPI 又分为企业级 KPI、部门级 KPI、具体岗位 KPI（也称为个人级 KPI）三个层级。KPI 是一个以战略为导向的指标体系，所以在对个人进行绩效考核时，既要评价其个人 KPI，又要适当评价其所在部门的 KPI。评价部门 KPI 时要看它对企业 KPI 的贡献。建立 KPI 体系同样应遵循 SMART 原则，同时要注意以下几点：

①目标导向。

②注重工作质量。

③可操作性。

④强调输入和输出过程的控制。

⑤三个层次责任明确。

关键绩效指标的确定（KPI）：

关键绩效考核指标（KPI）用来保障关键流程的顺利运作

草拟KPI	检验KPI	确定目标值	方案细化
· 回顾战略目标 · 获取目前绩效考核方法 · 获取其他企业的绩效考核指标 · 设想合适的KPI	· 分析KPI的可行性 · 建立KPI与战略目标的相联系 · 建立KPI在投资者、客户等方面的平衡	· 回顾战略目标 · 计算KPI并建立基准绩效值 · 分析历史趋势 · 获取有关的借鉴信息 · 设想初步的目标值 · 衡量目标值的可行性 · 确定初步的目标值	· 根据企业规划 · 确保KPI与战略目标一致 · 确定资源需求 · 根据资源配备检验初步目标值 · 调整并拟定目标值

个人绩效管理系统的构成：个人绩效管理是从员工的工作绩效和行为规范两个方面来对员工表现进行综合评估。

关键绩效指标（KPI）的评估：

①是否可控制：该指标的结果是否有直接的责任归属？能否被直接责任人基本控制？

②是否可实施：可采取行动来改进绩效吗？

③是否可衡量：是否有稳定可靠的数据来源和科学的数据处理方法来支持指标？该指标是否能够量化？

④是否可低成本获取：获取数据的成本是否高于其带来的价值？

⑤是否与目标一致：该指标是否能与某个特定的战略目标相联系？

⑥是否与整个指标体系一致：该指标是否与组织中上一层或下一层的指标相联系？

BSC（平衡计分卡）

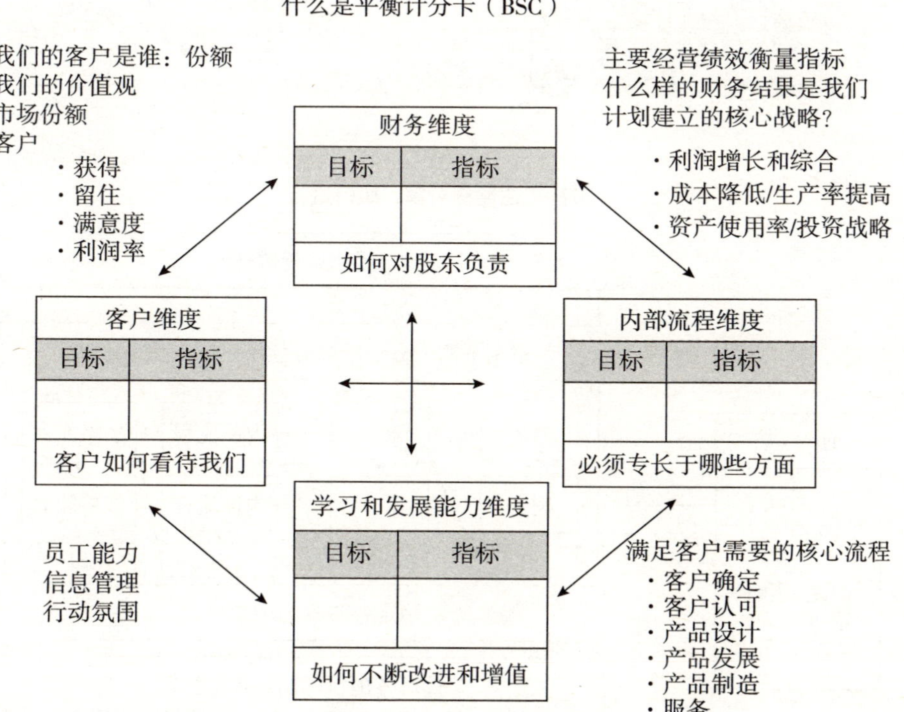

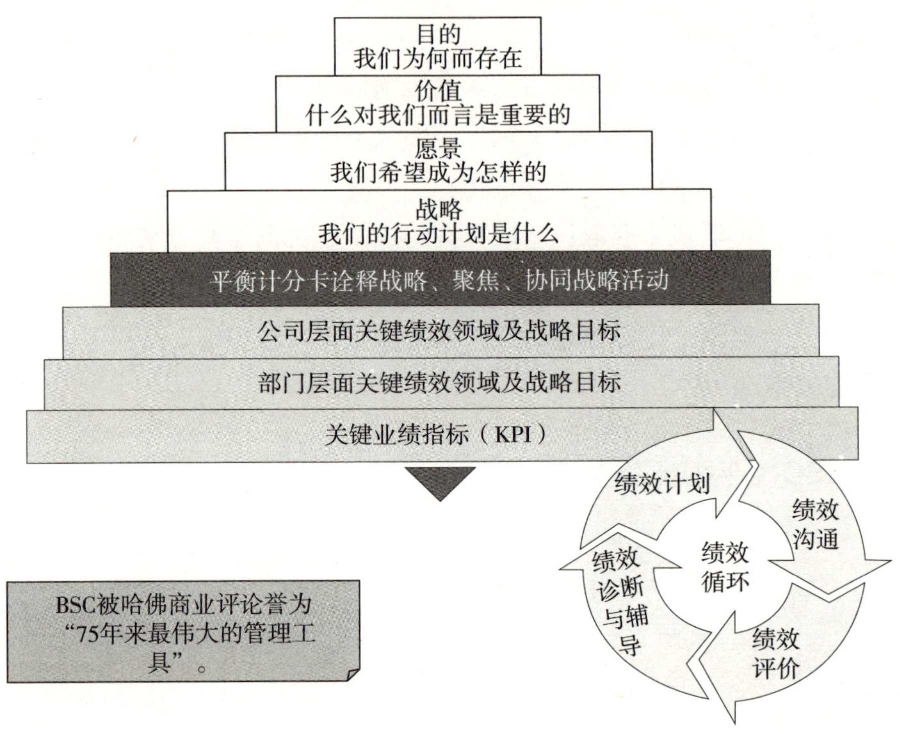
BSC实现公司使命愿景战略与日常经营活动有机连接
目的
我们为何而存在
价值
什么对我们而言是重要的
愿景
我们希望成为怎样的
战略
我们的行动计划是什么
平衡计分卡诠释战略、聚焦、协同战略活动
公司层面关键绩效领域及战略目标
部门层面关键绩效领域及战略目标
关键业绩指标（KPI）
绩效计划
绩效沟通
绩效评价
绩效诊断与辅导
绩效循环
BSC被哈佛商业评论誉为“75年来最伟大的管理工具”。

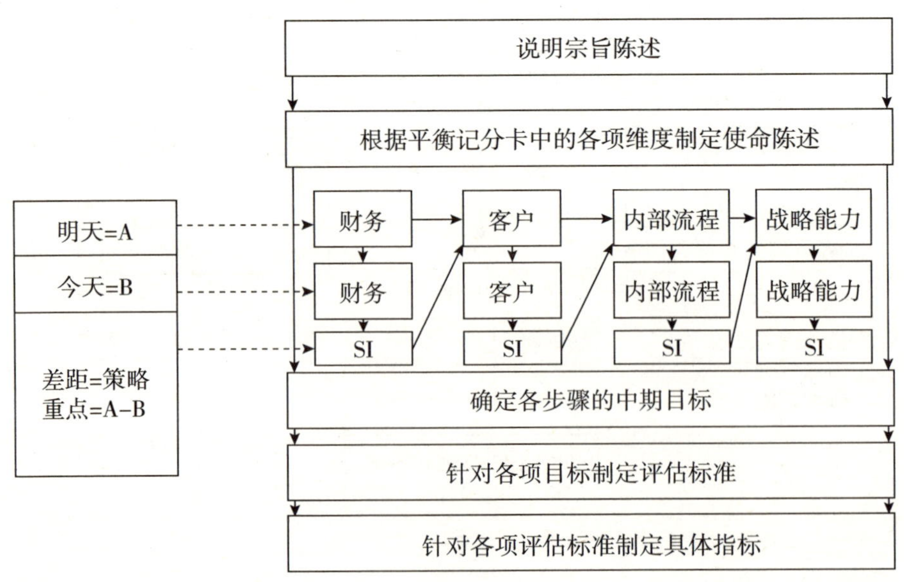
宗旨陈述逐级分解...如何进行
说明宗旨陈述
根据平衡记分卡中的各项维度制定使命陈述
明天=A
今天=B
差距=策略
重点=A-B
财务
客户
内部流程
战略能力
财务
客户
内部流程
战略能力
SI
SI
SI
SI
确定各步骤的中期目标
针对各项目标制定评估标准
针对各项评估标准制定具体指标

第十章

执行力：组织与流程

第一节 组织再造与流程优化

组织再造

组织再造是企业再造的一个重要组成部分。

企业再造也译为“公司再造”、“再造工程”（Reengineering）。它是1993年开始在美国出现的关于企业经营管理方式的一种新的理论和方法。所谓“再造工程”，简单地说就是以工作流程为中心，重新设计企业的经营、管理及运作方式。按照该理论的创始人原美国麻省理工学院教授迈克·哈默（M. Hammer）与詹姆斯·钱皮（J. Champy）的定义，是指“为了飞越性地改善成本、质量、服务、速度等重大的现代企业的运营基准，对工作流程（business process）进行根本性重新思考并彻底改革”，也就是说，“从头改变，重新设计”。为了能够适应新的世界竞争环境，企业必须摒弃已成惯例的运营模式和工作方法，以工作流程为中心，重新设计企业的经营、管理及运营方式。

企业再造包括企业战略再造、企业文化再造、市场营销再造、企业组织再造、企业生产流程再造和质量控制系统再造。而企业组织再造是企业再造工程中重要一环，起到企业战略再造的落地作用，而流程优化或流程再造是其中的重要环节。

企业再造理论的基本内容

企业再造理论认为，企业再造活动绝不是对原有组织进行简单修补的一次改良运动，而是重大的突变式改革。企业再造是对植根于企业内部的、影响企业各种经营活动开展的，向固有的基本信念提出了挑战；企业再造必须对组织中人的观念、组织的运作机制和组织的运作流程进行彻底的更新，要在经营业绩上取得显著地改进，哈默和钱皮为“显著改进”制定了一个目标：“周转期缩短70%，成本降低40%，顾客满意度和企业收益提高40%，市场份额增长25%。”

企业再造理论的“企业再造”就是“流程再造”，其实施方法是以先进的计算机信息系统和其他生产制造技术为手段，以顾客中长期需求为目标，在人本管理、顾客至上、效率和效益为中心的思想的指导下，通过最大限度地减少对产品增值无实质作用的环节和过程，建立起科学的组织结构和业务流程，使产品质量和规模发生质的变化，从而保证企业能以最小的成本、高质量的产品和优质的服务在不断加剧的市场竞争中战胜对手，获得发展的机遇。

企业再造工程与3C

企业再造理论（BPR）的产生有深刻的时代背景。20世纪六七十年代以来，信息技术革命使企业的经营环境和运作方式发生了很大的变化，而西方国家经济的长期低增长又使得市场竞争日益激烈，企业面临着严峻挑战。

可用3C理论阐述了这种全新的挑战：

（1）顾客（Customer）——买卖双方关系中的主导权转到了顾客一方。竞争使顾客对商品有了更大的选择余地；随着生活水平的不断提高，顾客对各种产品和服务也有了更高的要求。

（2）竞争（Competition）——技术进步使竞争的方式和手段不断发展，发生了根本性的变化。越来越多的跨国公司越出国界，在逐渐走向一体化的全球市场上展开各种形式的竞争，美国企业面临日本、欧洲企业的竞争威胁。

（3）变化（Change）——市场需求日趋多变，产品寿命周期的单位已由“年”趋于“月”，技术进步使企业的生产、服务系统经常变化，这种变化已经成为持续不断的事情。因此在大量生产、大量消费的环境下发展起来的企业经营管理模式已无法适应快速变化的市场。面对这些挑战，企业只有在更高水平上进行一场根本性的改革与创新，才能在低速增长时代增强自身的竞争力。

在这种背景下，结合美国企业为挑战来自日本、欧洲的威胁而展开的实际探索，1993 年哈默和钱皮出版了《再造企业》（Reengineering the Corpration）一书，书中认为：“20 年来，没有一个管理思潮能将美国的竞争力倒转过来，如目标管理、多样化、Z 理论、零基预算，价值分析、分权、质量圈、追求卓越、结构重整、文件管理、走动式管理、矩阵管理、内部创新及一分钟决策等”。1995 年，钱皮又出版了《再造管理》。哈默与钱皮提出应在新的企业运行空间条件下，改造原来的工作流程，以使企业更适应未来的生存发展空间。这一全新的思想震动了管理学界，一时间“企业再造”、“流程再造”成为大家谈论的热门话题，哈默和钱皮的著作以极快的速度被大量翻译、传播。与此有关的各种刊物、演讲会也盛行一时，在短短的时间里该理论便成为全世界企业以及学术界研究的热点。IBM 信用公司通过流程改造，实行一个通才信贷员代替过去多位专才并减少了九成作业时间的故事更是广为流传。

主要程序

企业“再造”就是重新设计和安排企业的整个生产、服务和经营过程，使之合理化。通过对企业原来生产经营过程的各个方面、每个环节进行全面的调查研究和细致分析，对其中不合理、不必要的环节进行彻底的变革。在具体实施过程中，可以按以下程序进行。

1. 对原有流程进行全面的功能和效率分析，发现其存在问题

根据企业现行的作业程序，绘制细致、明了的作业流程图。一般地

说，原来的作业程序是与过去的市场需求、技术条件相适应的，并由一定的组织结构、作业规范作为其保证的。当市场需求、技术条件发生的变化使现有作业程序难以适应时，作业效率或组织结构的效能就会降低。因此，必须从以下方面分析现行作业流程的问题：

（1）功能障碍：随着技术的发展，技术上具有不可分性的团队工作（TNE），个人可完成的工作额度就会发生变化，这就会使原来的作业流程或者支离破碎增加管理成本、或者核算单位太大造成权责利脱节，并会造成组织机构设计的不合理，形成企业发展的瓶颈。

（2）重要性：不同的作业流程环节对企业的影响是不同的。随着市场的发展，顾客对产品、服务需求的变化，作业流程中的关键环节以及各环节的重要性也在变化。

（3）可行性：根据市场、技术变化的特点及企业的现实情况，分清问题的轻重缓急，找出流程再造的切入点。为了对上述问题的认识更具有针对性，还必须深入现场，具体观测、分析现存作业流程的功能、制约因素以及表现的关键问题。

2. 设计新的流程改进方案，并进行评估

为了设计更加科学、合理的作业流程，必须群策群力、集思广益、鼓励创新。在设计新的流程改进方案时，可以考虑：

①将现在的数项业务或工作组合，合并为一。

②工作流程的各个步骤按其自然顺序进行。

③给予职工参与决策的权力。

④为同一种工作流程设置若干种进行方式。

⑤工作应当超越组织的界限，在最适当的场所进行。

⑥尽量减少检查、控制、调整等管理工作。

⑦设置项目负责人（Case maneger）。

对于提出的多个流程改进方案，还要从成本、效益、技术条件和风险程度等方面进行评估，选取可行性强的方案。

3. 制订与流程改进方案相配套的组织结构、人力资源配置和业务

规范等方面的改进规划，形成系统的企业再造方案

企业业务流程的实施，是以相应组织结构、人力资源配置方式、业务规范、沟通渠道甚至企业文化作为保证的，所以，只有以流程改进为核心形成系统的企业再造方案，才能达到预期的目的。

4. 组织实施与持续改善

实施企业再造方案，必然会触及原有的利益格局。因此，必须精心组织，谨慎推进。既要态度坚定，克服阻力，又要积极宣传，达成共识，以保证企业再造的顺利进行。

慧库观点和方法

慧库在进行组织再造和流程优化等企业再造咨询项目时，有如下独特观点和重点侧重：

企业再造项目必须以企业战略为核心，实现企业新战略的落地，同时必须保证实施再造项目之前对企业战略进行梳理和规划；

企业再造项目必须与财务指标挂钩、必须进行财务管控；

企业再造项目是自上而下实施的，而不是自下而上的自发行为，必须克服来自内部和外界的压力；

企业再造项目不是企业再造的终结，是一个动态过程，而所有变革的核心，就是市场。所以企业再造是市场导向的。

第二节　流程再造的概念

流程再造（BPR）

BPR（Business Process Reengineering）到底是什么？

按照 BPR 创始人美国哈佛大学博士 Michael Hammer 教授的定义，

BPR 是“追求业务流程变革的根本性和彻底性，希望取得成本、质量、服务和速度方面的显著性改善”，后来经过了不同学者的补充、完善，这种比较激进的管理理念逐渐变得内涵丰富。

目前 BPR 的基本内涵是以流程运作为中心，摆脱传统组织分工的束缚，提倡面向客户、组织变通、员工授权及正确地运用信息技术，达到快速适应市场变化的目的，包括不同程度的业务提升、业务优化和业务改造。

BPR 是业务流程重组 Business Process Reengineering 的缩写。它的定义有几种，其中广为人知的是它的奠基人 Michael Hammer 和 James Champy 的定义：“BPR 是对企业的业务流程作根本性的思考和彻底重建，其目的是在成本、质量、服务和速度等方面取得显著的改善，使得企业能最大限度地适应以顾客（Customer）、竞争（Competition）、变化（Change）为特征的现代企业经营环境”。在这个定义中，“根本性”、“彻底性”、“显著性”是应关注的核心内容。

流程再造被认为是管理的第三次革命

（1）管理的第一次革命：Taylor 的科学管理

（2）管理的第二次革命：20 世纪 60 年代日本的全面质量管理（TQC）

（3）管理的第三次革命：流程再造 BPR

流程再造的提出者

①20 世纪 90 年代，美国麻省理工学院迈克·哈默（Michael Hammer）教授。

②CSC 管理顾问公司的董事长詹姆斯·钱皮（James Champy）。

③管理流程再造（BPR，Business Process Reengineering）的概念。

总之，流程再造就是对公司的流程组织、结构、文化进行一次彻底的、急剧的重塑，以达到绩效的飞跃。换句话说就是推倒重来。

第三节　什么是流程

流程就是管理的程序，流程要指定具体的人来完成：谁。流程用流程图表示，横坐标代表岗位（层级），纵坐标代表先后顺序（时间）。

流程再造是对原有的流程不断进行改造、修改，以提高企业的运行效率和经济效益（两个目的）。

流程再造的意义

把企业从以职能管理为核心的传统企业改造成以流程管理为核心的新型企业，实现经营和管理方式的根本转变。注意，关键是职能核心转变为流程核心。也就是横向层级变革为纵向业务流程。

①通过对企业原有业务流程的重新塑造，包括进行相应的资源结构调整和人力资源结构调整，提高企业整体竞争力。

②企业将由以职能为中心的传统形态转变为以流程为中心的新型流程向导型企业，实现企业经营方式和管理方式的根本转变。

流程再造的背景

①来自客户的挑战。他们需要个性化的服务，因此要求企业研发个性化的产品，满足不同层次的客户需求。

②来自竞争的挑战。企业要不停地围绕降低成本和提高经济效益与同行企业进行竞争。

③来自变化的挑战。世界经济形势和竞争规则不断变化，科技高速

发展，企业要及时调整发展战略，增强竞争优势。

④来自科层化的挑战。企业组织应扁平化。

流程再造的目的

①提高运行效率。

②提高经济效益。

流程再造的原则

①流程的法律和文化原则：外部内部。

②全面、细节、权责：与组织 HR 关联。

③战略落地原则：流程为战略服务。

④财务原则：以财务为手段、工具、考核。

⑤可绩效原则：可度量。

⑥顾客导向：一切为了开创客户。

⑦平衡妥协原则。

流程再造的组织条件

企业组织结构的设计是以为顾客为中心、以流程为导向的。

①面向流程的组织结构。

②面向流程的人员结构。

③面向流程的岗位结构。

强化 HR 职能、完善激励机制

①管理团队建设。

②员工激励机制。

第四节　企业业务流程管理（BPR）实施的六个自我测验

问题一：BPR实施是否结合企业的整体发展战略？

企业领导在启动BPR的时候，应该先问自己企业的整体发展战略是什么？BPR改革的目的是什么？希望实现的具体目标是什么？BPR如何支持企业的整体发展战略？只有搞清楚了以上问题，才能说企业实施BPR具有明确的目标和价值。在以往实施BPR中就出现过盲目的问题，方案设计完毕时尚没有明确未来三年企业的整体业务发展战略以及根据市场预测期望达到的目标值，因此在方案设计过程中也就没有突出哪些改变重点结合了具体的改革目标。须知，设计方案的目标性不明确，犹如盲人摸象，这会直接影响到改革的效果。

问题二：我们有无设计全员沟通方案？

企业的领导人通常都认为改革成功的关键就在于是否将先进的管理方法和手段引入企业，但他们往往忽视了改革方案的有效执行也是改革成功的关键要素，而确保执行的一个重要手段就是沟通、沟通、再沟通。这是企业的领导人与员工思想互通的唯一途径，是发现问题、解决问题、达成共识的最佳手段。以往国内企业传统的沟通方法相对单一，更多的是遵循上传下达、服从上级，而比较忽视来自基层的声音。

因此，科学的沟通过程应遵循自上而下和自下而上的原则，只有实现充分的双向沟通，尊重并综合来自各方面的意见和建议，领导人的决策才会更加尊重企业实际，更加具有可行性。研究显示，沟通遵循"3+7法则"，即对于同一信息通常只有30%的人完全接受，有70%的人只接受了部分信息。根据这一法则，领导人需要在不同层面、不同时间、不同地点与有关员工反复沟通，才能使同一信息多次刺激大脑，使员工充分接受，同时也才能真正理解来自员工的思想，最终做到思想统

一、行动一致。

问题三：参与实施 BPR 的部门领导有无切肤之痛？

人们常说“痛定思痛”，只有企业自身真正感受到现在的痛苦，才会形成变革的强烈愿望，也才会痛下决心实施变革。BPR 改革非常强调企业最高领导人的全力支持和强力贯彻，因为在改革过程中会出现一系列的阻力，例如由岗位调整带来的部门精简、人员下岗，由绩效考核指标带来的工作压力和收入减少，以及新业务流程在磨合过程中出现的部门冲突和不适应等，这些改革过程中的问题都需要通过企业一把手的强力推进，顶住来自各方面的压力，把改革实施下去。

因此可以想见 BPR 改革很大程度上是一项“一把手工程”，如果企业的最高领导没有切身感受到企业的病痛和改革的紧迫性，没有背水一战的必胜决心，很难将 BPR 改革坚持到底，那么改革的成果就会大打折扣，变成虎头蛇尾。当然，光有变革的主观能动性还不够，在 BPR 实施过程中应把工作层层分解到每个流程负责人的绩效考核指标上，并与激励机制相挂钩，做到不仅是企业的一把手，要让企业中的每一个人都把变革作为己任，并通过约束机制推动改革更加深入的实施。

问题四：实施 BPR 的监控手段是哪些？

BPR 设计方案的实施实际上是一种变革管理，也是 BPR 改革成败与否的关键阶段，它要求项目执行者采取各种及时有效的监控手段推动项目沿着既定的轨道按部就班的实施。如果缺乏行之有效的监控手段，就容易造成执行力度弱、应付差事，监控松散、缺乏督导，最终导致改革流于形式，达不到预期效果或彻底宣告失败。

在以往的国内企业 BPR 改革中，这样的失败案例已经屡见不鲜，究其原因，很多企业的失败都是由于没有在实施过程中步步严格监控改革进程，及时发现方案执行过程中的问题并加以解决或微调设计方案，往往重设计、轻实施，使理想的设计方案得不到有效执行，结果与成功失之交臂。

在 BPR 实施中，一要明确实施的领导委员会，明确成员分工，将责任层层分解到具体责任人，并与绩效考核挂钩，使每位责任人肩负压力和动力，自身成为第一监控人；二要建立定期会议机制和确定与会人员，明确项目进度、每一阶段的具体目标的量化值和围绕目标所要开展的具体工作，根据每一阶段的目标值检查工作完成情况，再采取相应手段推进或改进工作；三要制定定期汇报材料的模板，使每一位具体责任人都能按模板中所需要的内容规范的向上级领导汇报工作进展；四要借助“第三只眼”，也就是借助咨询公司或研究机构从第三方的角度深入了解企业内部领导所不易察觉或基层不愿反映的问题并客观地加以分析，及时反馈给企业的领导，有助于提升改革的成效。

问题五：有无借力培训实现观念转变、技能转移？

由于 BPR 改革很大程度上是人员思想观念的转变，改革成功与否首先也在于从领导到普通员工的观念是否成功转变，因此实现思想转变最为行之有效的方法就是培训。培训必须有系统、分层次地进行。首先企业的领导层应向全体员工做改革动员，表明改革的势在必行，领导层的决心和光明的前景；BPR 方案设计小组应分层次向员工传播 BPR 设计理念和思路，努力使员工从思想上接受先进的理念。

第三方机构可以传授 BPR 管理理念的发展和进化，以及为企业带来的优势和发展前景，从第三方的角度使员工从心理上信服并接受改革。BPR 改革不仅需要观念转变，还需要提升员工的业务技能，因此通过企业内部技能培训和学习国内外同行的先进经验，都能够提升员工的实战技能，增强面向市场的作战能力。

问题六：CEO 是否真心实意地推动 BPR 实施？

如上所述，BPR 改革很大程度上是一项“一把手工程”，也就是说企业的最高领导人必须全力支持改革的进行。在改革过程中自然会遇到来自人情、制度、利益等各方面的阻力和压力，尤其在国有企业，各种矛盾很容易就反映到一把手面前，这时企业的最高领导必须要当机立断做出明确的决策，他们的改革决心和态度对于整场改革的士气都是至关重要的。

如果领导人自身对 BPR 还存在不解和质疑，势必难以强力贯彻，遇到困难和阻力时就会出现犹豫不决，甚至退缩，那么改革的道路就会更加步履维艰，终将走向失败。

因此在BPR改革中，企业的最高领导人/CEO必须作为最高负责人，具备坚定的改革魄力和信念，才能带领整个企业在改革中从成功走向更加成功。如果企业领导人对BPR的实施一开始就认定是应付上级要求、当作一项任务来完成，CEO就可能心猿意马，不会充分利用BPR的实施从根本上提升自身企业的竞争力。

第五节　BPR实施：绘制流程图（矩阵式流程图）

横坐标表示部门和岗位的名称。

纵坐标是时间顺序。

流程图的层次

第一个层次是公司级的。即全公司的主导业务流程、公司的决策流程等。

第二个层次是职能部门的。例如人力资源管理、财务管理、审计、生产管理、计划管理流程等。

第三个层次是某一个部门内部的。例如人力资源管理中的员工管理、薪酬管理、培训管理及考核管理流程等。

流程图的编号

①公司代号——×（表示第×个层次）——×××（表示第×个层次的第×××张图）。

②编号为管理信息化提供依据。

③在 ERP 等系统里，编号代表节点。

④节点一定要有编号，而且这个编号是唯一的。

⑤流程图下面要注明公司名称、编制单位、编制人和密级。

⑥标明流程图的页数。

⑦注明流程的主管部门。

图示方法：

流程图不要太复杂，一般只用三种图形：

第一种图形：椭圆，只表示开始和结束两个节点。

第二种图形：矩形，表示任务。

第三种图形：菱形，表示判定。例如审批这种环节都用菱形。

进口、出口与交叉

通常矩形和菱形都要求有进口和出口，如果只有进口没有出口，或者只有出口没有进口，都说明流程图有问题。

一些工作做完以后，并不一定和其他人有关系，就要用一条曲线表示结束。例如某计划总裁批准后，交档案室存档，就要用虚线和表示。

结束的椭圆形连接。

两条线交叉时用拐弯的箭头，表示两条线并未相交，不存在节点。

管理标准和管理表单

管理标准是一种表格，与流程图相匹配，是对流程图的解释。

①第一栏是任务名称。

②第二栏是跟流程图对应的节点。流程图中不明白的地方，依据节点查管理标准。

③第三栏是任务程序和重点，也是最核心的一栏。

绘制流程图的步骤：

第一步　描述公司原来的管理流程。

第二步　重新界定参与流程的部门和范围。流程再造的前提是组织结构的流程化，哪个环节发生变动，都要重新调整组织结构。

绘制流程图的原则

（1）完整性：描述流程完整，对各个环节不要遗漏和重复。

（2）简明性：图文表达要简洁明了，如果原有的流程看起来不简洁，或者不清楚，在描述的时候要注意把这几个流程矩形方块用红笔圈一下，提示那些将是改造的对象。

（3）便于计算机操作：重点是流程图、节点的编号和管理标准的制作等。

第六节　组织建设中的其他问题

组织层次与效率

①每增加一个组织环节，就减少组织效率。

②减少公司内部环节是提高效率的重要有效的手段。

③监督反馈环节在大企业中至关重要。

小企业要做大：企业文化建设，组织建设。

大企业要做小：注意细节，减少环节，大象跳舞（扁平化）。

非财务人员的财务管理

（1）非财务人员出现财务的可能：采购、客户短路、集体腐败、贪污和职务侵占、不入账

（2）避免和处理手段及原则：实证判断原则与规则的统一，完善制度、抽查与暗访，借助设备：收款机、网络，复式记账法的借鉴，人

员的任用与监督。

公司内部的社会化：帮派

（1）社会化：帮派或利益集团的形成。

（2）帮派：最初是由于一些习惯相近、爱好相近、同籍贯、校友、同时进单位等的一些员工出于相互照应的心理而聚集在一起的现象。

（3）利益集团则是帮派的更高层次。小帮派一般很难升级为利益集团，利益集团往往是公司内部核心人员形成的人事圈，在企业内部形成有分量的利益群体。

（4）小帮派可以通过企业文化强化来消除或削弱其影响。

利益集团形成的检讨

①企业流程的漏洞。

②企业财务制度和分配制度的漏洞。

③企业用人制度的漏洞。

④人才的依赖性，特别是人才的暗示性。

准利益集团的产生，具有不可避免性，具有普遍性。企业领导的驾驭能力是其领导能力的重要方面。业绩评判和负面效应的控制是关键。完全取消和取缔是不现实的。

集体倒戈或人员集体辞职

集体辞职危害性极大，是人力资源的失败。

①竞争对手误导、内部少数人员煽动是外因；用人不当和企业文化的不强势是内因。

②集体辞职是公司内部经营管理出现大问题的表现。

第十一章

集团管控（上）

第一节　集团管控的概要："抓死放乱"的管控悖论

有两部情景剧一直在中国的集团企业里轮流上演：

一部剧是总部用心良苦地为了搞活机制实行权力下放，希望能够百舸争流、万花齐放，结果却是"种下龙种、收获跳蚤"，分部搞得自行其是、滥砍滥伐、诸侯割据和尾大不掉，集团也因而"离心化"成为一团散沙、不堪一击。

另一部剧是总部痛定思痛地为了令行禁止实行中央集权，希望能够群策群力、步调一致，结果却是"栽花花谢、插柳柳败"，分部搞得毫无创见、无所事事、混吃等死和文牍官僚，集团也因而"空心化"成为一潭死水、满目荒凉。

第二节　盘根错节集团化

"商海茫茫，大船领航"，现在在各个产业板块和所有制板块，集团化的优势是越来越明显，趋势是越来越明朗。热火朝天、大干快上的集团化运动，其中既有着自然之理，也有着顺势人为；既有着市场运作，也有着权力政治。正是基于企业发展规律和利益群体博弈这两大动因，集团化从白云深处、大海深处向我们走来，越走越快，越走越近……

企业发展规律驱动集团化

企业和人一样也有着从小到大的过程、从单体到群体的过程，都有着从起步期、增长期、成熟期、衰退期到再兴期的生命循环，从单一产品市场走向多元产品市场跃进国际产品市场的成长路径。

在此过程中，企业集团从无到有、从小到大、从弱到强、从简到复，其内部吐故纳新、与时俱进的变化也是生生不息、绵绵不绝。

利益群体博弈催生集团化

有别于欧美发达国家的集团化运动，在中国，尤其是国资领域，集团化事实上大都是“催产儿”，常常并不是基于内涵增长和外延增长的纯粹市场化产物，而是政府、企业集团、成员企业进行利益群体博弈，各取所需、权衡得失的结果，这种半市场半政治的集团化工程不可避免地使得“其兴也勃，其亡也忽”成为屡见不鲜之常态。

（1）集团对政府博弈：谈判砝码、获取支持和控制收益。

（2）政府对集团博弈：一方面既有加强集团化的意愿，另一方面又有放慢集团化的顾虑，除此之外舆论导向社会潮流也若隐若现地对之有所影响。

（3）集团对成员企业博弈：就正常情形而言，集团化能够对其属下的成员企业形成“保护伞”、产生庇护效应，这种群聚效应能够使得其成员企业得到集团化之前所不可能拥有的权力和改进。

（4）成员企业对集团博弈：集团化必然更复杂！集团诸成员企业之间的关系常常是不均衡的，既有着核心层企业，也有着外围层企业；既有着控股企业，也有着参股企业；既有着赢利性企业，也有着亏损性企业……

第三节　集团公司管控“拦路虎”

组建企业集团只是万里长征的第一步，离真正地集团化还相当之遥远。做大并不等于做强，如何做强是中国企业集团化运作所面临的最大难题。

真正的集团化是强势集团

做大只是手段，做大并不是目标，离开目标来做大只不过是浮肿而已！

集团化的真正目标是成为强势集团，只有强势集团才是路之终点。

所谓的强势集团有三大主要考量标准：是否拥有强势业务？是否具备强势关联？是否成就强势品牌？

强势集团之路上的集团公司管控陷阱

成为“三强”集团的主要障碍就系于集团公司管控的优劣程度，特别是中国的国企集团面前正是一片管控雷区，东南西北前后左右，稍不留神就可能是灭顶之灾、灰飞烟灭。

五百强情结、片面规模经济、盲目多元化、过分低成本扩张是集团公司管控的四大陷阱。

集团公司管控缺乏症

没有人不喜欢集团化，但很少有人能看到，集团化是有巨量成本和很大投入的，集团化涉及前期的组建费用和期间的总部运营费用等，为数相当可观，如果集团化不能创造价值，或者其创造的价值不能补偿成本的话，集团化就是毫无意义的，就应该“非集团化”，反向分拆！

由于缺乏集团公司管控，中国的大中型企业集团目前普遍缺乏价值创造，庞然大物一无所能而已。

集团公司管控托起集团化

卓越的集团公司管控能够协助企业集团创造价值最大化、价值均衡化。

对于业务单位而言，良好的集团公司管控不仅使得业务单位在集团内比其独立经营时绩效好，而且比置于其他集团之下更好，金饭碗就是幸福窝。而不良的集团公司管控则只会让一切更差、好也变坏，唯一的结果就是业务单位满脑子“叛逆”思想和“不孝”念头。

对于集团总部而言，正是良好的集团公司管控使得总部无须在任何时间都要直接参与经营，不会过分地分散和占用集团的资源和精力，从而更好地创造价值。而不良的集团公司管控则只会让总部东奔西跑疲于奔命，陷于永远救火永远失火的恶性循环不能自拔。

第四节　从纸老虎到真老虎的集团公司管控

集团管理的中心问题就是如何建立一个强有力的集团公司管控系统，没有管控系统就谈不上什么真正的管理。

忽视集团公司管控的企业集团不过只是纸老虎而已，外表庞大但内囊空空，根本就经不起市场竞争的风口浪尖和电闪雷鸣。只有重视集团公司管控，纸老虎才能成为真老虎，才能成为啸傲山林的兽中之王，“任凭风吹浪打，我自闲庭信步！”

集团公司管控正当其时

目前强有力的集团公司管控是高效集团管理的核心部分。这一观点已得到广泛认可，很多企业集团开始正视并着手解决这一不能再拖延的问题。一个卓越的集团公司管控系统应当能够满足组织内外部因素需要，并随因素的变化具备与时俱进的战略柔性。

集团公司管控之难

集团公司管控的难度在于不仅仅是对一个或几个要素的管控，也不仅仅是对一个或几个职能的管控。不能谋全局者不足以谋一隅，集团公司管控需要编织一张疏而不漏的天网，让无所作为无所遁形，让任意妄为无从得计。

跨越集团公司管控有八道难关，需要斩关夺隘：系统之难、集分之难、整合之难、机制之难、复制之难、结构之难、驱动之难和审势之难。

集团公司管控的战略思考

这种战略思考要求把握六项纲领，缺一不可、漏一漏万：理解集团价值管理内核；洞察核心业务系统；把握一体化管理过程；透视组织关系；考量支持体系；准备变革管理。

第五节　集团公司管控模型的三大体系

集团公司管控模型由三大体系构成，环环相扣，前后衔接。

首先是管控战略体系，明确集团公司管控的主要方向和重点方针，是集团公司管控模型的大战略基础。

其次是管控执行体系，涉及管控战略具体的操作方法和实施途径，是集团公司管控模型的方法论延伸。

最后是管控提升体系，在执行体系的基础上进一步深化管控能力，是集团公司管控模型的超越性升华。

管控战略体系

管控战略体系是对集团公司管控的战略规划，它洞察了集团公司管控的关键成败因素，并对此进行战略形成和战略选择。管控战略体系反映了内外部管控形势的要求，确定了集团公司管控的宗旨目标，绘制了集团公司管控的主线，勾勒了集团公司管控的轮廓，为后面的管控执行体系和管控升华体系奠定了战略基础。

管控战略体系的主要内容有：

①成员忠诚度。

②集团边界。

③集团功能定位。

④管控模式，管控模式是集团公司管控的纲要方针，是总部对分部的管理模式，把管控策略具体化。

管控执行体系

管控执行体系是对集团公司管控的战略实施，在管控战略体系的指导下形成了关键的管控路径和关键的管控节点。管控执行体系反映了管控战略体系的要求，为整个商业价值体系灌注了全过程的管控方法，为管理和业务体系内嵌了全方位的管控手段，确保管控的精髓能够贯彻到集团中每一天每一个人每一件工作中去。

管控执行体系的主要内容有十二块：

（1）治理管控：治理管控是公司治理角度的管控手段，通过集团内治理结构和治理运作的优化进行集团公司管控。

（2）组织管控：组织管控是组织架构角度的管控手段，通过集团内组织建设和组织关系的调整进行集团公司管控。

（3）流程管控：流程管控是经营流程角度的管控手段，通过集团内工作流程和管理程序的规范进行集团公司管控。

（4）战略管控：战略管控是经营战略角度的管控手段，通过集团内战略规划和战略实施的指引进行集团公司管控。

（5）预算管控：预算管控是经营计划和预算管理角度的管控手段，通过集团内经营计划和全面预算的约束进行集团公司管控。

（6）业绩管控：业绩管控是绩效考评和业绩管理角度的管控手段，通过集团内绩效体系的建设进行集团公司管控。

（7）财务管控：财务管控是财务管理角度的管控手段，通过集团内财务运作的健全进行集团公司管控。

（8）内审管控：内审管控是内部审计角度的管控手段，通过集团内内审体系的运作进行集团公司管控。

（9）HR 管控：HR 管控是人力资源角度的管控手段，通过集团内人力资源平台的重组进行集团公司管控。

（10）信息管控：信息管控是信息系统角度的管控手段，通过集团内管理信息系统的支持进行集团公司管控。

（11）风险管控：风险管控是风险管理角度的管控手段，通过集团内风险识别和风险预案进行集团公司管控。

（12）文化管控：文化管控是企业文化角度的管控手段，通过集团内组织文化的渗透进行集团公司管控。

管控提升体系

管控提升体系是对集团公司管控的拓展升华，在管控执行体系的基础上提供更为高级的管控方略。把全方位管控转化为全方位服务。

管控执行体系的主要内容有二：

（1）横向战略：横向战略是集团对业务单位的协同效应和关联管理，创造“1 +1 >2”的价值增值。

（2）品牌组合战略：品牌组合战略是集团层面的品牌战略，通过品牌关系和品牌架构的重整创建强大的品牌资产。

第六节　成员企业忠诚

应该明白，集团公司管控的目的就在于创建和维系成员企业忠诚度，一切管控措施都旨在创造成员企业的忠诚，每条管控政策都指向维系成员企业的忠诚。成员企业忠诚是集团公司管控使命和宗旨的精髓，是集团公司管控的唯一目标，是集团公司管控成败与否的衡量标准。

无论是新创还是既有的集团企业，成员企业忠诚都是集团公司管控生死攸关的大命题。一切管控措施如果不能基于去提高成员企业忠诚，那么不管这些措施看起来是多么的有吸引力、多么的富有创造性，其最终都将南辕北辙导致进一步的管理失控。反过来，如果一些看起来并不像是传统管控力度的措施，甚至好像全无控制力的感觉，但如果这些措施能够优化成员企业忠诚的基础，那么最终也将会提高集团公司管控的能力。

一般而言，成员企业忠诚主要由四项内容构成：成员企业的总体满意度、持续接受集团指挥的意愿、加强与集团现行关系的主动性、在其他群体中称许集团的行为。

成员企业忠诚的形成

成员企业忠诚的形成来自集团中的成员企业把集团化进程前后的状

态进行比较、反复强化的结果。

集团化的期望价值与集团化的可感知效果的对比决定了成员企业的忠诚度。如果集团化期望价值大于集团化可感知效果则成员企业忠诚降低，如果集团化期望价值小于集团化可感知效果则成员企业忠诚提高，如果集团化期望价值等于集团化可感知效果则成员企业忠诚处于中间状态。

成员企业忠诚的分野

在集团公司管控实际中存在着四种状态的成员企业忠诚：忠诚、潜在忠诚、虚假忠诚和不忠诚。之所以做如此精度的区分，是因为每一种成员企业的忠诚状态都有着不同的特征，对集团公司管控有着不同的战略含义。

创建成员企业忠诚

从某种意义而言，成员企业忠诚来自于系统高效的接触点管控。

创建成员企业忠诚必须遵循下列七条原则：

①面向成员企业，以管控服务为中心。

②全过程控制、改善与提高。

③持续改进，追求卓越与完善。

④重视集团与成员企业的接触点，做好接触点管理。

⑤定期测量成员企业忠诚度情况。

⑥集团高管层要列为首要日程，并直接参与。

⑦要发挥团队协作的精神，要能贯彻至基层。

第七节　集团边界

一个集团公司的管控能力，很大程度上受制于这个集团公司的最大边界所在。如果超越这个边界，则力不能及，可能随之带来管理失控的结果；如果在这个边界之内，就力所能及，集团公司管控随之可能相当流畅顺利。

集团边界决定管控成败！

集团边界的确定

就战略而言，集团边界制约了集团内各成员企业与集团的整体关系的稳定性和持续性。管控运行于边界以内，成员企业受集团内“向心力”为主的影响，表现为成员企业忠诚的概率较大；管控运行于边界之外，则成员企业受集团内“离心力”为主的影响，表现为成员企业忠诚的概率较小。

集团边界和资源管理

外面的世界很精彩，但外面的世界也会很无奈！集团边界是集团公司管控的一个重要的情境指标，集团公司管控必须与集团边界相匹配。

集团边界决定了集团能在多大范围内处理好企业集团内部的资源（含信息知识资源）组合，集团边界也决定了集团内成员企业的数量和规模。

集团边界和转换成本

在实践中，我们常常发现很多集团企业过度膨胀、超过了其合理边界，但似乎仍旧有所管控。

集团化转换成本能够大大地增加企业集团的边界，能够提高集团公司管控良性运作的平台。

第八节　集团功能定位

在集团化进程中，功能决定管控！

集团公司管控的一个中心问题就是集团功能定位，亦即集团内总部和诸分部到底是什么、应该做什么、怎样才能做好、如何各司其职同时又能相互配合等。

集团功能定位直接决定了管控模式，有什么样的集团功能定位就会选择什么样的管控模式；反过来实施了这样的管控模式一定意味着那样的集团功能定位。

集团功能定位的层面

集团功能定位攸关成败，如果集团功能定位不合理，势必会破坏集团整体价值，使得集团化成为累赘，成为不堪承受之负。

集团功能定位从集团总部的角度来说包含有两个层面：一个层面是指挥；另外一个层面是服务。

（1）指挥层面：是指集团总部充当下属公司的“司令部”，发挥领导指导功能，下达给下属公司以经营管理方面的正确命令。集团总部需要制定集团整体发展战略，明了各项大政方针；围绕集团战略目标培育和巩固竞争优势，为新业务创造新能力；控制核心能力所需的各项战略资源；敦促下属单位执行总部决策，必要时亲自推动关键项目；对下属单位的执行情况和单位负责人的尽职情况进行考评等。

（2）服务层面：是指集团总部充当下属公司的“客服部”，发挥协同整合功能，给予所属单位最适合最有裨益的中央服务。集团总部需要利用协同效应整合下属单位的价值链；搭建统一的人力资源平台；充分挖掘信息资源、知识资源的内在潜力；分享行之有效可供借鉴的管理方法、经验和案例；通过品牌组合管理来提升整体的品牌资产、创建品牌优势等。

集团五项功能定位

根据上述两个层面的要求，集团总部的功能设计主要有五项：领导功能、资源配置功能、绩效监护功能、关键活动功能和运营服务功能。

（1）领导功能：主要包括制定集团发展战略，管理集团业务组合，描绘集团成长蓝图；创建集团共同的运作政策、标准和流程；发展集团品牌战略；建设集团文化；确定重要的投资并购活动；培育集团核心竞争力等。

（2）资源配置功能：主要包括制定和实施下属企业间的资源共享机制；整合资金管理、市场营销渠道和供应链；核心人才和能力的培养；推进知识管理等。

（3）绩效监护功能：主要包括审核批准下属企业的战略目标；管理考核下属企业的绩效；监督下属公司的财务状况；监控集团的运营风险等。

（4）关键活动功能：主要包括投资者关系管理；客户关系管理；供应链管理；公共关系管理；企业形象；危机管理等。

（5）运营服务功能：主要包括提供各种共享服务；信息技术支持；质量管理体系；人事、生涯成长、保险、养老金管理；政策咨询；培训体系；法律服务；外包管理；国外服务等。

这五项功能勾勒了集团总部的运作蓝图。

总部与分部的功能分工

总部与分部的功能分工是本着从上到下的原则进行的，先确定总部的功能，再确定分部的功能；先确定分部上级单位的功能，再确定分部下级单位的功能，依此类推。

从最一般的角度来说，总部和分部要按照“责任中心”来分配各自权力和责任范围，借此形成集团公司内部层次清晰、分工明确的科学管控体系。

首先，集团总部作为母公司，是整个集团公司的决策中心（这里说的决策还包括资源配置和融资投资），要确保集团资产价值创造，对下属公司的行使出资人的权力和承担相应责任。

其次，集团内部具备法人资格的各子公司应当作为利润中心，他们要自主经营自负盈亏，以提高子公司的经营绩效为目标，确保集团公司所投入资产的投资收益情况良好。

最后，集团内那些不具备法人地位的分公司应当作为成本控制中心，他们要以降低成本提高效率为目标，全面加强其内部各项职能管理和流程管理，确保上级所下达的各项任务按基准完成。

随需应变的集团功能定位

唯一不变的是变化。在现实的情况下，集团功能定位并非一成不变。

切记不能僵化地理解集团功能定位，用所谓的标准模型来套变动的现实情况，否则这样会沦落入教条主义的泥沼。

集团功能定位必须像 IBM 一样：随需应变。

一方面，根据集团化进程的不同，集团功能定位常常也会有所不同。比如总部的功能未必在集团化的任何时候都同等重要，因此在不同的时期，总部具体功能设置的侧重点应有所差异。

另一方面，随着竞争和组织的发展，资源挖掘的深化，集团功能定位常常也会与时俱进。

第九节　管控模式

所谓的管控模式是指集团对下属企业基于集分权程度不同而形成的管控策略。

行随心动！集团功能定位决定管控模式，管控模式必须与集团功能定位相适应，这是管控模式设计的铁则。

自上而下的集团功能定位必然倾向于选择集中的管控模式，自下而上的集团功能定位必然倾向于选择分散的管控模式，介于两者之间的集团功能定位必然倾向于选择均衡的管控模式。

集团对下属企业的管控模式，按总部的集、分权程度不同而划分成“运营管控型”、“战略管控型”和“财务管控型”三种基本的管控模式，当然在实践中也有一些更多的演化，但总体来说不能超出上述的范围。

三种基本的管控模式有点类似波特的“三种基本竞争战略”，同样在集团公司管控中有着提纲挈领、举足轻重的地位。但还是有所不同的，波特的“三种基本竞争战略”一定要避免夹在中间的窘境，而三种基本的管控模式则是可以加以混合的。

运营管控型

运营管控型的管控模式是集权度最高的管控模式，强调过程控制是这种管控模式的鲜明特点。

在运营型管控模式下，为了保证集团战略的实施和集团目标的达成，集团总部从战略规划的制定到实施几乎无所不管无所不理，因而把各种相应的职能管理在总部层设置得非常广泛和非常深入。

总体而言，运营型管控模式明显带有家长制的作风，本质是总部决定成败。在运营型管控模式中，总部体现着浓郁的身先士卒、冲锋陷阵色彩，不仅是帅而且是将，而分部不过是一切行动听指挥的执行机器而已，连将都捞不着够不上，最多是兵是卒而已。

战略管控型

战略管控型的管控模式是集权与分权相结合相平衡的管控模式，强调程序控制是这种管控模式的突出特点。

在战略型管控模式下，为了保证集团整体利益和下属企业利益的最大化，集团总部负责整体的战略规划、财务和资产运营，各下属企业同时也要制定自己本业务单位的战略规划，并提出与战略规划相匹配的经营计划和预算方案，总部负责审批下属企业的战略经营计划并给予有附加价值的建议，同时批准其预算再交由下属企业负责执行。

在战略型管控模式下，集团中各下属企业业务的相关性同样也要求很高，这样集团总部才有能力进行战略评价。

在战略型管控模式下，由于集团总部对下属业务单位的放权分责，总部的规模并不大，也不会设置太多的运营管理职能。总部主要致力于综合平衡，如平衡资源需求、协调经营矛盾、推行“无边界企业文化”、培育高级主管、品牌战略管理、推行标准化、知识与经验分享，等等。

财务管控型

财务管控型的管控模式是最为分权的管控模式，强调结果控制是这种管控模式的明显特点。

在财务型管控模式下，集团总部只负责集团的财务和资产运营，所以把重点放在集团的财务规划、投资决策和实施监控，以及对外部企业的收购、兼并工作上面，并不强调业务的战略管理和营运管理。下属企业每年会被给定以各自的财务目标，被赋予完整的业务经营权，下属企业只要达成预期财务目标总部就不会有什么经营干预行为。

尺有所短，寸有所长，三种基本的管控模式也是各具优长、各具不足，必须审时度势、权衡利害而后谨慎而择。

原则先行，集团企业在选择确定管控模式的时候，必须把以下四条原则牢记心头：

第一是适合的原则。集团企业在选择管控模式之前，思想上一定需要明确的是：不存在最佳最优的管控模式，只存在最适合最匹配的管控模式。

第二是战略的原则。管控模式的选择要符合集团整体战略的需要，并能够推进集团战略的贯彻实施。

第三是分类的原则。由于集团各下属企业的实力常常千差万别，对集团的战略价值也截然不同，一刀切显然并非上策长策，所以集团内部并不能实施单一的管控模式，而应当是选择多种管控模式并存的格局，无视下属企业的差异会造成管控模式失效的结果。

第四是渐进的原则。在管控模式上比较稳妥的办法是渐进，把集团公司管控设计为一系列逐步演进的过程，在整体规划的基础上分步骤分阶段实施，里程碑式的一步一个脚印步步为营，通过逐步逼近的方式最终到达希望的彼岸。

第十节　治理管控

所谓的治理管控就是指通过良好的公司治理来达到提高集团公司管控能力的方法，治理管控的底蕴就是通过集团内各权力机关相互之间的权力制衡和母子公司之间的职能制衡来进行集团公司管控运作。

公司治理

公司治理是指公司制企业中股东大会、董事会和高层经理人员之间划分权力、责任、利益，以形成一种相互制衡、相互依赖的组织制度安排。公司治理就是制订最大的游戏规则！

道法自然，良好的公司治理是有基本规律可循的，那些富有竞争力的管理精良的企业在公司治理的精髓上总表现出惊人的一致性：这就是制衡性、激励性、约束性和协调性。

所谓的制衡性，是指公司治理体系通过明确划分股东会、董事会、监事会和高级经理人员各自的权责利，从而形成三者之间的权力制衡关系，以确保公司的有效运行和绩效获取。

所谓的激励性，是指通过公司治理体系的作用，使得代理人或称为经营班子除了按照委托人的要求完成任务之外，还能产生进一步的激励，力争上游，多快好省，更好地实现委托人的利益。

所谓的约束性，是指通过公司治理体系而产生的一种约束力，可以防止代理人的不作为行为和内部人控制对公司带来的伤害，同时也能对代理人的渎职行为进行惩罚和制裁。

所谓的协调性，是指通过公司治理体系来协调委托人和代理人及其他利益相关者之间的利益关系，使不同利益主体都能尽最大努力为公司工作。

设计治理管控

治理管控是一件难度相当大的作业，它要求健全公司治理体系并在公司治理体系的各个环节强化集团公司管控的力度和精度，这的确像一场开颅手术，稍有不慎，呜呼哀哉。

治理管控体系的设计主要包括六大块内容：

①明确公司治理目标。

②把握公司治理要点。

③理顺产权关系。

④治理结构设计。

⑤治理运作设计。

⑥治理管理设计。

明确公司治理目标

公司治理目标是在集团公司高级管理层、股东和董事会三方面参与者之间建立起一种有效的权责关系，亦即股东对董事会的有效的监督和制约，同时董事会对管理层进行有效的监督和制约，从而顺利地达到其最终目标——“保护股东权益”。

把握公司治理要点

设计治理管控体系首先就要明白衡量公司治理体系是否合理的标准，也就是优秀的公司治理到底是什么样的？这必须回答三个问题：

①如何使公司最有效地运行？

②如何使公司在激烈的市场竞争中求得生存和发展？

③如何保证公司各方面的利益相关者的利益得到维护和满足？

理顺产权关系

名不正则必言不顺，理顺产权关系极其重要，这是公司治理的法律基础，集团公司产权关系决定公司治理关系。

集团企业在理顺产权关系的过程中，一定要注意对产权层级的控制。集团公司的产权层级越多，法定运作程序就会越复杂，这必然使得管控链条相应也越长，信息失真也越严重，管控成本也越高，管控效果也越差。从经验实践而言，集团公司内部的产权层级一般不应该超过三级（除非纯粹的财务型管控），那些所谓的“重孙公司”都是些笑话。

治理结构设计

治理结构设计重点要解决两方面问题：

①公司治理由哪些机构组成？

②参与公司治理的人员从哪来？

一方面，公司治理主体由哪些机构组成。一般来说，公司治理机构包括股东会、董事会、监事会和经理班子，但企业不同的资本结构和不同的外部治理环境都会影响公司治理机构的设置。

另一方面，参与公司治理的成员来源。一般来说，成员来源可以分为三种：家族式治理、内部人治理和外部治理。这三种模式在实践中广泛存在，并各有其优劣利弊。

（1）家族治理：表现为家族占有公司的相当股份并控制董事会，家族成为公司治理中的主要影响力量。

（2）内部人治理：表现为银行、供应商、客户和职工都积极通过公司的董事会、监事会等参与公司治理事务，发挥监督作用。

（3）外部治理：表现为在股份相当分散的情况下，公司的控制权一般掌握在经营者手中，此时外部监控机制发挥着主要的监控作用。

治理运作设计

治理运作设计要害在于公司治理层的功能设置，也就是公司全部功能作业中，哪些功能要由公司治理层来行使，哪些功能要由公司管理层来行使。

治理运作设计要解决的是公司全部功能如何在公司治理层和管理层之间进行分配的问题。如果公司治理层分配的功能较多，则公司就是集权型管理，如果管理层分配的功能多，则公司就是分权型管理。

第一种模式是集团为执委会制，二级公司总经理制。在这种模式下，控股层董事会比较超脱，权力重心在执委会，执委会成员需要很强的经营决策能力和沟通协调能力。

第二种模式是集团为执行董事制，二级公司总经理制。在这种模式下，权力重心在控股层董事会，控股层董事会成员需要很强的经营决策能力和沟通协调能力。

第三种模式是集团为执委会制，二级公司董事长兼总经理制。在这种模式下，权力重心在执委会尤其是集团总裁，执委会成员需要很强的操作能力和管理能力。

治理管理设计

公司治理体系不仅需要科学的治理结构、合适的治理运作，更有赖于强大的治理管理。

治理管理设计的核心问题是，如何通过对派出执行和非执行董事的管理，实现集团的管控意图。

首先，集团应利用在控股公司股东会的控制地位，间接控制控股公司董事会的构成，派出有关人员。

其次，集团要规划好派出董事的任用方式及职责。

最后，集团要对派出董事的绩效进行评价，并与薪酬挂钩。

第十一章

集团管控（下）

第一节　组织管控

所谓的组织管控指的是利用组织设计来实现集团公司的管控目标，是在组织设计的过程中考虑集团公司管控的需要并做出相应的安排。集团公司管控不能脱离组织的框架凭空而来，集团公司管控需要合适的组织架构与之相匹配才能臻于完备，否则，有力杀贼无力回天。

具体而言，组织管控是一个在组织架构和组织功能中施加管控力的过程，组织管控的要点在于将集团公司管控的思想融于其中融为一体。组织管控的内容主要包括两个方面：

一是组织架构管控，又划分为两块：集团整体组织架构，总部与分部之间应该采取何种组织体制；总部组织架构，集团总部应该采取什么样的组织体制。

二是组织功能管控，也划分为两块：监控功能设置，如何利用组织功能设置来产生监控力量（当然设置专门的审计稽核部门也是一法，不过由于后面的内审管控已经有了详尽的说明阐述，所以这里就不再冗言了）；横向协调设置，如何强化横向协调体系来保障管控的功能。

组织管控设计的3S原则

这种务实之道需要遵循3S原则：

（1）战略导向原则：所谓的战略导向是指，组织管控设计必须以战略为先导，战略是决定组织管控的主要因素。

（2）效率导向原则：所谓的效率导向是指，组织管控设计要将效率作为关注的焦点，不能简单地站在企业内部业务模块的角度来设计，必须围绕企业的核心竞争力用流程重组和信息技术的方式将企业内部的动态价值链衔接起来，达成企业的战略目标。

（3）实质导向原则：所谓的实质导向是指，法律规定是设计公司架构时的外生变量，而非内生变量。良好的法律制度并不会限制商业决策的自由，相反却能保护股东及利益相关者的权益。在规划未来组织管控方向时应该以经营战略和企业价值创造的效率为主要原则，建立实质性的管理架构，最后将管理架构融入法律架构的框架中，保证实质和形式的一致性。

总部组织架构

目前，在集团公司管控中存在的一个突出矛盾是总部组织架构问题。下属企业认为总部的管理人员没有经验不懂业务，胡乱指挥制造麻烦，所以总部应该削减部门裁撤人员；而集团总部则认为下属企业见树不见林，视近不视远，本位主义山头主义的一帮盲流，越不服管就越是要管，所以不但不能削弱更要进一步充实总部职能加强约束力量。

何种总部架构能够解决这一矛盾？

（1）总部组织架构的“4权5务”：总部组织架构取决于管控模式，财务型管控、战略型管控和操作型管控其总部组织架构当然是不同的。

从战略型管控的角度而言，总部组织架构的设计应该满足“4权5务”的要求，所谓的“4权”是指，集团总部对集团下属单位行使选择经营者、责任追究、考评稽核和收益分配这四项管控权力；所谓的“5务”是指，集团总部对集团下属单位实施战略决策、计划预算、运营监控、资本运营和共享服务这五项管控事务。集团总部要细化“4权5务”，配备相关的管理职能，规范相关的管理流程，建立相关的管理制度，提高权威性和操作性，使管理部门、管理流程、管理规章、管理权力和管理责任到位。

（2）总部组织架构的设置：实践证明，按职能和流程部门化将更有利于集团总部系统地控制风险并形成合理有效的技能配置。

（3）上市情况下的总部组织架构：因为中国相当多的集团企业都已经或者准备和资本市场发生关系，所以研究上市情况下的总部组织架构非常有现实意义。

上市情况下的总部组织架构有着两种基本的选择：一是集团公司控股上市股份公司和其他专业子公司；二是集团公司直接上市及控股专业子公司。这两种选择各有优劣和适用情境。

集团整体组织架构

集团整体组织架构是指集团总部与下属企业之间的组织关系，集团整体组织架构是组织管控的核心单元。

监控功能设置

组织架构的设置完成之后，就要考虑组织功能方面的设置了。组织功能设置要考虑组织管控的需要，要强化监控功能的设置。

监控功能设置的基础就是将功能作业配置到各机构和各岗位时要遵守不相容功能作业分离原则。

不相容功能作业分离原则要求：对功能进行风险分析，不相容的功能不能配置到同一部门，不相容的作业不能配置到同一岗位。

所谓的不相容功能是指当两项功能由一个部门来完成时，错误和舞弊的机会就会大大增加，例如采购和付款就是不相容功能，如果由一个部门来完成难保不发生上下其手损公肥私的情况出现，所以一般要由不同的部门来履行。

横向协调设置

横向协调设置有四种基本方式：制度性协调设置、结构性协调设置、人际关系协调设置和专业搭接协调设置。

（1）制度性协调设置：制度性协调设置不改变原有组织结构，也不增设机构和人员，只是改变组织运行的规则与形式，如工作流程、工作标准和工作方法的协调化。

（2）结构性协调设置：结构性协调设置是通过设立协调机构的方式进行横向协调工作，结构性协调设置的机构可以有以下三种主要类型。

（3）人际关系协调设置：在实际工作中由于人际关系因素对横向协调的效果有很大影响，所以需运用人际关系协调设置予以补充。

（4）专业搭接协调设置：所谓专业搭接协调设置，就是在设计各功能单位的责任制时，对各项专业功能的结合及边界处，有意识地安排一些必要的重叠与交叉，以保证必要的协作与衔接。

第二节　流程管控

所谓的流程管控就是利用业务流程系统的优化以实现集团公司管控的目标，业务流程体系是集团公司管控体系高效运作的一个重要的支撑平台，优良而规范的业务流程系统不仅能够提高业务和管理工作的质量和效率，也能减少歪曲、异化、错误和风险。反过来，不良的业务流程常常是集团公司管控的软肋，造成有心摸不清，有力使不上。

流程管控的方法

流程管控要求在设计和重组业务流程的时候充分考虑集团公司管控

的要求，确保业务流程中含有管控节点、具备可控性。一旦出现问题，流程管控就会神兵天降，扭转乾坤。

一般来说，流程管控主要有三种方法：

第一种方法，体现管控要求的流程设计。在进行流程设计时，要考虑流程运作中潜藏的各种风险，并事先设计专门的环节来防范或降低这些风险以及风险带来的影响。例如预算流程就是这种要求的体现。

第二种方法，体现管控要求的记录设计。业务流程运转过程中会有许多记录痕迹，在设计这些记录内容、记录格式以及记录流转程序时，要依据流程管控的需要将管控要素加入内容格式和流转程序中。例如报销业务必须要有经办人员签字就是这种要求的体现。

第三种方法，体现管控要求的标准设计。业务流程在完成过程中必须遵守一些流程标准，应当考虑集团公司管控的要求将管控要素体现在流程标准的条款之中。例如对资金支付规定不同层级的批准权限就是这种要求的体现。

核心的管控流程

管控关键流程，管控流程的关键方面，在关键的时刻管控流程，是流程管控的三大要义。

流程管控要求识别在企业价值链体系中最具集团公司管控价值的功能程序，并对其进行精心的管控设计。

企业价值功能体系由基本功能和支持功能组成，相互联系相互制约，向最终的战略目标协调一致。

对于集团公司而言，核心的管控流程有：战略规划管控流程；经营计划与预算管控流程；资本运作管控流程；高管人员招聘管控流程；关键岗位业绩管控流程。

第三节　战略管控

战略管控，就是指通过建立和优化集团经营战略体系来实现集团公司管控的目标。战略管控不仅是采取战略型管控模式的集团企业最主要最首选的工作内容，即便是采取运营型管控模式和财务型管控模式的集团企业也不能对此稍加轻忽。

卓越的战略管控，有助于集团公司在快速变化的市场中，制订新的发展方向及战略，以求业务的持续性和获利性发展，能够创造更大的整体价值和整体竞争优势，从而增加凝聚力使得下属企业单位成为集团的有机组成部分。

卓越的战略管控，有助于总裁及高层领导将精力集中于最重要的领域，通过明确企业的业务组合、成长路径、资源配置和核心竞争力培育来领导公司发展，而不再是日常工作中的救火式干预。

战略管控的要点

大海航行靠舵手，战略管控好比一个 GPS 的自动导航系统，无论海啸飓风，无论冰山魅影，都能让集团公司这个航母编队指挥若定，从容不迫地驶向预期的彼岸。

战略管控作为每年战略规划、经营计划与预算管控的起点，必须制度性程序化、严格执行，不得流于表面，敷衍塞责。

第一要明确公司的使命和远景。

第二要清晰产品和业务组合。

第三要设计价值定位。

第四要考虑战略举措的先后序列。

第五要勾勒整个的成长蓝图。

第六要构建能力系统。

第七要安排具体的实施计划。

战略管控质询会

集团企业不仅要对战略规划的过程进行管控，也要对战略规划的结果进行管控，这就是战略管控质询会。

战略管控质询会作为集团公司每年最重要的管理会议之一，由集团总裁及高层领导对各下属企业业务单元的战略进行质询，从而确保其能够符合集团发展的整体方向，有助于输出集团公司管控所期望的战略成果。

第四节　预算管控

预算管控，是指通过经营计划和经营预算的方式来达成集团公司管控的目的。预算管控是战略管控的深化，可将集团下属企业经营管理的各个环节纳入集团公司管控的强大怀抱。

预算管控的内涵

与单体企业相比，集团企业更应该建立一套完整的预算管控体制。预算管控是一种公司整体规划和动态控制的管理方法，是对公司整体经营活动的一系列量化的计划安排。

预算管控的观念

预算管控应当建立五大观念：整体的观念、全面的观念、计划的观念、责任观念和弹性的观念。

正确的观念有助于理解在预算管控实践过程中的经验借鉴。

预算管控与战略

预算管控是一个整合的计划流程框架，它源自于战略性活动和经营性活动两大部分组成的全局性、集成性管理流程。

在从战略性活动向经营性活动的转化过程中，战略计划逐步转化为经营计划和经营预算，战略管控也向预算管控迁移。这种程序性的转化意味着，战略计划中的第一年目标要被具体化为当年的经营预算计划，管控开始落地。

需要注意的是，整个程序并非是单方面的，其中存在大量的回馈通路。

经营计划与经营预算

预算管控包括两大块内容：经营计划、经营预算。在战略计划的指导下先做出经营计划，在经营计划明朗后做出相应的预算计划。

经营计划是沟通战略计划和预算计划的桥梁。

经营预算是经营计划的财务转化和必要的资源分配过程，可将目标分解到最底层，借以保证经营计划的执行。

预算管控的程序

预算管控需要遵循严格的程序：从预算编制、预算执行、预算调控到预算管理。

集团总部要加强对在程序过程中的管控力度。

这里面最重要的是预算编制的程序。集团企业每年年底都要根据集团上一年经营预算的执行情况，考虑本年度企业集团的发展规划和产业竞争形势，编制本年度的集团经营预算报告（集团经营预算一般战略性预算成分较多，指标也比较粗），同时要求成员企业根据集团的经营预算编制本企业的财务预算报告。

要求预算的编制过程要合理，必须经过确定目标、分解任务、初步编制分部门（企业）预算、汇总预算、再次编制分部门（企业）预算、再次汇总等过程。

第五节　业绩管控

业绩管控，就是指利用业绩管理系统来实现集团公司管控的目标。

业绩管控能够从动机上施加管控力量。一般来说，集团公司内部下属企业谋求本单位的本位利益时会有一个思想上的自我平衡过程，当下属企业认为本单位出多而进少，付丰而获寡，抗拒集团公司管控的可能性就会大为增加；当下属企业认为本单位受到公平对待，服从集团公司管控的可能性就会大为增加。如果集团企业能够做到科学公正的业绩管控，就能防止这种因心理失衡而失控的现象发生。

业绩管控的流程

整个业绩管控的流程包括四大步骤：建立业绩指标、设立业绩目标、业绩考核和业绩激励。

建立业绩指标

业绩管控要求将业绩指标与战略紧密地联系起来，实现战略的指标化和指标的战略化。

管理所有的指标是不现实，应该从中选择一些关键的指标出来。

设立业绩目标

业绩指标决定了什么是业绩，而业绩目标则决定了到什么程度才算达成了业绩。

设立合理的业绩目标需要自上而下、自下而上的互动，把现实和挑战性充分结合起来。

在设立业绩目标这个工作板块里面，签署业绩合同是一个非常重要的单元。

业绩审核

随着业绩目标在工作中的推行，定期的业绩审核就进入议事日程，业绩审核是对业绩完成情况的考评并分析差距的原因，最终形成改进行动。

业绩激励

值得注意，业绩审核本身不是目标所在，目的在于能够对业绩完成者进行正向或者负向的强化，是他们能够在下一阶段进一步提升业绩，确保集团公司管控目标的实现。

第六节　财务管控

财务管控是集团公司管控执行体系中一种极其重要的手段，是集团公司总部控制成员企业的重要方法，财务管控的具体途径既包括财务资源的统一配置、资金的集中调度、预决算管理，对子公司的投资规模、产品及经营成本、公司的利润率等方面的控制和管理，也包括关联交易、转移定价和合理避税等方面的财务安排等。

集团公司的财务管控问题

集团公司管控成功与否的一个重要的基准就是财务管控，如果集团公司管控失控势必最终体现在财务管控失控上面。

集团公司总部的财权配置

财务管控要求集团公司总部明确其财务权力并进行合理地配置。

集团公司总部财权的主体是董事会或监事会—总经理—财务副总经理—财务部门，这四个层级都是行使财权的主体。

集团总部对下属公司的财务管控模式

无疑，最为理想的财务管控模式是在既不能管得太死又不能放得太开中间寻求平衡。

根据平衡程度的不同，可以有三种基本的财务管控模式：集权财务管控、分权财务管控和混合财务管控。

财务管控的功能配置

财务管控要求集团总部凭借其出资人的权力，将下属公司的重大财权集中到总部，并把总部的财务管理权力渗透和延伸到子公司。

集团公司总部对下属企业单位的财务管控功能有八：规范管控、融资管控、投资管控、资产管控、资本运营管控、资金管控、费用管控和收益管控。

（1）规范管控：集团总部财务部门应该负责财务管理体系的运行，相关的业务管理以及人员管理等工作，以保证集团财务管控的规范和高效。

（2）融资管控：为了保持合理的资本结构，控制因融资不当而带来的融资风险，集团公司总部应牢牢进行融资管控。

（3）投资管控：集团投资和下属公司投资应纳入集团财务战略计划，集团总部应牢牢控制对集团发展结构与控制结构产生直接或潜在影响的投资管理权以及例外投资项目的处置权。

（4）资产管控：资产管控的原则是下属企业拥有资产的日常管理权，而集团公司对重要资产的处置拥有监控权。集团所属公司的各项资产处置必须由集团批准立项，才能实施有关的资产处置事宜。

（5）资本运营管控：集团总部行使集团资本变动及资本经营活动的全权。

（6）资金管控：集团公司总部实行集团内部资金集中统一管理，把分散的资金集中起来，降低资金持有水平，从而保证集团重点项目的资金需要。

（7）费用管控：集团公司的费用管控主要有两块：一是通过预算考核对各子公司和下属单位的成本费用进行间接管理；二是统一对外缴纳和管理下属单位所计提的各项税金、基金及附加费、保险费等。

（8）收益管控：收益管控的基本原则是下属公司的可分配利润除了一定比例的利润留成之外应该由集团公司统一支配调度。

财务管控的组织

没有组织保障，财务管控无法真正实施，财务部门是财务管控的具体执行机构。

财务管控的人事安排

财务管控的人事安排指的是财务人员委派制。财务人员委派制是集团公司总部向所属企业统一委派财务人员，并对他们的任免、调遣、考核、奖惩、工资和福利待遇进行统一管理的一种财务管控人事安排。

（1）财务总监委派制：财务总监由集团公司选派，通过一定程序进入下属公司董事会，承担监督资产营运、重大投资决策以及审查会计报表等职责，对重大财务收支和经济活动实行与总经理联签制度。

（2）财务负责人委派制：财务负责人委派制是由集团公司选派到下属企业承担财务工作的责任。委派的财务人员对集团公司及高层管理当局负责，贯彻和实施集团内部规章制度与各项财务政策，对有损集团利益的行为，有权予以制止，并向单位负责人报告，全面承担派驻公司的财务工作。

第七节　内审管控

内审管控，指的是通过建立一套有效的审计稽核体系来保障集团公司管控真正行之有效。

集团企业由于管理链长的特点，集团高层管理人员难以对各项业务活动的执行亲自进行监督，因而完善的内审管控是非常必要的。

内审管控与内部控制

内审管控，从性质而言属于内部控制的范畴，而内部控制是企业为控制经营风险实现经营目标而制定的各项政策与程序。

内部控制是一个过程，受企业董事会、管理当局和其他员工影响，旨在保证财务报告的可靠性、经营的效果和效率以及现行法规的遵循。它认为内部控制整体架构主要由控制环境、风险评估、控制活动、信息与沟通、监督五项要素构成。

内审管控的内容

内审管控的本质就是鉴证、评价和监督，内审管控的日常化、制度化，能够及时发现集团公司管控中存在的问题，并督促加以改正，使得集团企业始终沿着正确的管控轨道前进。

内审管控的过程

内审管控的严肃性体现在缜密审慎的流程上，是有一整套程序和方法做保证，决不可主观任意。

内审管控的组织

内审管控的日常化就需要组织化，承担内审管控的组织机构主要是审计委员会和内部审计部。

审计委员会的工作主要是复核财务报告以及进行内部控制。

审计部是审计委员会下面的常设机构，是本单位内部设置的以监督功能为基础的专业监督部门。内审部的最高领导是审计委员会，在本单位具有独立性，不能由它所拟审计的对象来领导。同时内审部要配备专职的审计人员，不能由其他人员兼任内部审计工作。

为了确保其独立性和权威性，内审部一般采取集中管理方式，即在集团企业总部设置内部审计部门，以集团内部所有的经济责任中心为审计对象。在集中管理方式下又有两种形式，一种是集中办公，另一种是分散办公。

第八节 HR 管控

集团公司管控最终还是要落实到各个岗位、各个员工的层面才能真正地行之有效，HR 管控就是通过人力资源管理体系的完善与配合来实现集团公司管控的目的。

HR 管控的模式

按照集团总部与下属诸分子公司管控的紧密程度，HR 管控可以分为四种基本的模式：松散管理型、政策指导型、操作指导型和全面管理型。

HR 管控体系

人力资源管理是一个整合的有机管理体系，从战略到业绩、从文化到流程、从构架到模型。

体系虽然庞杂，但 HR 管控主要着眼于五个方面：人力资源规划管控、人员招聘管控、培训发展管控、绩效管控和薪资管控。

HR 管控的最佳实践

在进行 HR 管控时，参照一些国际通行做法以及优秀运作范例是非常有裨益的。

HR 管控最佳实践包括十六个方面：HR 愿景和使命、职位管理、人力资源规划、人才甄选和招聘、薪酬管理、福利安排、培训发展、职业生涯管理、员工能力模型、领导力发展和继任管理、绩效管理、组织发展、变革管理、知识管理、人力资源信息化、人力资源能力提升。

第九节　信息管控

信息管控就是利用信息系统来实现集团公司管控的目标。

在信息时代的今天，管理信息系统无疑是集团企业的“神经网”，对经营决策和业务执行有着强大的支撑作用，反应迟钝必将恐龙坐毙，只有反应敏捷才能猎豹奔驰。由于集团企业规模的庞大、业务的多样、组织的复杂，如果作为企业基础设施的信息系统不能产生、分析和传递足够质量、足够数量和足够时限的信息数据的话，科学的决策是难以做到的，即便做到，执行效果如何也是不清的。所以集团公司管控一定要重视信息管控这个工具，在信息系统的设计中，一定要考虑集团公司管控的要求，必须将管控诸要素包容于信息体系设计之中。

信息管控的意义

信息管控对大中型集团公司管控效率的提高影响非常之大，集团企业常常是多层次的管理结构，而每多一个层级不仅会造成决策传递上的缓慢，而且势必会对信息产生干扰，使最终到达企业领导层的信息失真，其必然结果就是管理失控。

信息管控的原理

信息管控要求根据管控要求和业务流程的特征，制订整个信息应用的系统架构。

整个信息管控系统由财务信息系统、人力资源信息系统、营销信息系统和生产采购信息系统这四个内容子系统集成，每个子系统又由多个下属模块组成。信息管控要求在保持系统和模块之间良好的扩展性的同时保证数据流通畅、数据的准确和共享，避免信息不同步或信息失真造成的管控漏洞。

信息管控流程

信息管控是在信息中心的主持下，通过协调财务信息系统、人力资源信息系统、营销信息系统和生产采购信息系统这四个子系统，实现集团总部和业务单位之间信息收集、信息分析、信息传递和决策实施的高效管控。

第十节　风险管控

风险管理对于确保企业正常运营和可持续发展非常重要，是企业运营的重要保障手段之一。外贸企业的最大特点之一就是业务大部分掌握在业务员手中，这就为企业的运营带来一定的不确定风险，因此建立必要的风险防范体系显得尤为重要。我们认为对风险的管理应将重点放在预防上，建立完善的风险防范体系，尽最大可能避免风险的发生，这才是进行风险管理和控制的根本所在。

建立健全系统的风险预防控制机制，以防范管理和运营风险

以控制措施的可信度和控制措施的可取度两个纬度为判断标准，我们可以将风险控制分为人工的检查控制、人工的预防控制、系统的检查控制和系统的预防控制四种方式。其中，人工的检查控制是最简单的风险控制机制，系统地预防控制是最有效最可取的风险控制机制。

从集团层面对管理风险进行预防控制

（1）财务风险：集团统一进行财务预算和规划，统一进行资金管理，降低财务风险；

（2）投资风险：在市场分析基础上，进行投入和回报分析，集团核心领导团队对重大投资项目进行统一研究和规划，保障重大投资决策集体决策，降低风险；

（3）战略决策风险：为了实现集团整体战略目标，应依据战略规划有计划、有步骤的进行战略决策；

（4）信息风险：集团建立信息扫描系统，及时应对行业及竞争环境的变化；

（5）人力资源风险：建立健全考核、激励机制，激发员工士气，避免人才流失；

（6）信誉风险：建立现代物流系统，保障物流畅通，对重点客户提供全面服务，提高重点客户的满意度。

危机处理

危机是一个会引起潜在负面影响的具有不确定性的事件，这种事件及其后果可能对组织及其员工、产品、资产和声誉造成巨大的伤害。可能遇到的危机主要有以下几个方面：产品危机、市场危机、管理危机、劳资危机、安全事故危机、公关危机、经营危机、形象危机、财务危机、并购危机等。

危机处理原则：快速处理危机以消除危机的负面效应、把公众效益放在公司利益之前应该是危机处理的原则，加强沟通是危机处理的必要方式。

危机发生之后，危机并没有结束，有发生后续危机以及爆发更大危机的可能性，并且后续继续发生的时间间隔会很短暂。危机发生后，相关人员应该立即将危机发生的消息汇报给总经理，由于延误汇报或故意试图掩盖危机并造成危害的，将对有关责任人做出降职处分直至开除处理。

总经理在得到危机发生的第一时刻应做出以下反应：

①立即下令预防和阻止同样危机在短时间内再次爆发。

②立即下令组织相关部门采取一切可以采取的措施阻止危机的直接危害的蔓延。

③成立危机管理小组，总经理亲自担任组长。召开管理管理小组会议，研究对策并发布指令。

④危机管理小组内有一名分管处理法律业务（几乎所有的危机都牵涉到法律关系，危机的处理很大程度上要依靠法律为武器），一名分管对外公关，一名负责公司的正常运转。

危机管理小组成立之后，应立即隔断危机对公司的影响和危害，立即在危机尚未处理完之前尽快恢复公司的正常运作。隔断危机对公司的危害，是从人员和事件两个方面来阻隔危机继续危害的可能。

①阻断或隔离危机发生的直接责任人或嫌疑人及其关联人员与公司其他人员的联系，触犯法律的，立即求助公安或社会其他法律部门的介入。

②阻隔或隔离危机发生的事件、部门、流程对公司其他部门的直接危害。

总经理通过会议或者其他传播渠道分别对公司股东、董事会以及公司的高层、中层、全体员工给予不同程度的通报。

①对董事会、高层的通报应详尽、不隐瞒，以争取更多合理方案与思路。

②对中层的通报应命令恢复公司的正常运转，保证公司的稳定。

③对全体员工的通报应发出公司强有力的声音，鼓舞士气，让全体员工感受到公司的信心。

公司在危机管理小组统一部署下，对外发出强有力的声音。应该通过媒体（新闻发布会或者在报纸上刊登声明等方式），表达公司的看法、态度和处理危机的原则、进度等，表达对危机责任追究的态度，达到震慑的目的。

公司在危机管理小组统一部署下，对公司可能影响到的关联企业（如供应商和企业客户）发出危机通报，表明公司已经正常运转，给关联企业以信心，同时表明公司处理危机的立场。

危机调查与危机总结

危机产生原因的调查应该在危机处理初步结束之后进行，危机处理是最重要的，在危机发生后，应调动公司一切资源减少危机的危害性、保证公司的正常运转、影响媒体舆论导向、消除影响上。当这些主要工作达到一定的稳定程度之后，应该着手开始危机产生原因的调查以及相关责任人（或肇事者）的处理上。

①在危机产生之初，应该保留所有证据，对危机的产生前后的相关记录予以保留，预防记录和数据的被人为破坏。根据危机的性质，请公安部门或其他法律部门介入。

②在危机产生之后，应立即停止相关直接人员的工作，控制和监督其行为，预防危害的扩散和扩大。根据危机的性质，请公安部门或其他法律部门介入。

③在危机处理基本完成之后，彻底调查危机产生的原因，查出危机的责任人（或肇事者），分清原因。

危机处理和危机调查全部结束之后，责成有关部门完成危机处理和调查的书面报告，存档。总结危机产生的经验教训，修正或调整相关的业务流程、完善相关的法律手续（所有的危机产生都有法律环节缺失的可能），制度化地避免类似危机的再次发生。

风险管控指的是通过风险管理体系来实现集团公司管控的要求。

犹如没有人愿意得病那样，没有任何企业愿意遭遇风险。然而在经管领域，风险不仅种类繁多、无所不在，而且几乎像病毒一样无法回避和防不胜防。而企业集团由于组织规模庞大、管理层次众多和经营方向多元，势必对风险的嗅觉敏感度降低，造成风险应对能力下降。严峻的形势更加要求企业集团必须重视风险管控，从而能够识别潜在的风险，并且针对潜在的风险研究对策。

风险管控的框架

风险管控是对风险的识别、评估和预案应对的计划、组织和执行过程。

风险识别

风险的识别应当一种系统方法来进行，以确保组织的所有主要活动及其风险都被囊括进来，并进行有效的分类。

战略性风险管控

风险管控不是搞什么危机公关之类的执行技巧，实际上风险管控更是战略管控，只有站在战略管控的高度才有可能真正地将危机消灭于萌芽状态。

“安索夫风险分类－管理模式”是一个很好的战略性风险管控模型。

全员参与风险管控

其实风险管控是每个组织成员的分内事，每个部门有责任对自己范围内的风险因素进行控管。只有全员参与和形成风险文化，才有可能在根本意义上遏制和处理风险。

第十一节　文化管控

文化管控就是通过企业文化系统进行集团公司管控的手法。尽管企业文化不会影响到企业的有形资源，却会对有形资源的利用方式产生重大的影响，这种影响是通过企业文化对企业员工的价值取向和行为方式施加强有力的导向和支配作用而产生的，这正是文化管控相比其他管控执行手段高明的地方所在。

文化管控形成集团信任和凝聚力

文化管控对集团信任有着基础性的作用。由于在集团企业内部存在着大量的委托代理关系和共同体合作关系，仅仅依靠强控制则集团公司管控的成本很高，甚至超出集团化所带来的利益，所以必须建立集团信任作为集团的黏合剂，保证集团的稳定性，来降低管控成本和提高管控成效。

集团文化的类型

对于一个多元化的拥有不同性质业务单位的集团企业而言，迫切需要建立一种共性的企业文化，以实现在不同业务之间建立一种纽带关系，充分发挥“大兵团作战”的协同效应，这就是文化管控的重要任务之一。

文化管控的策略

文化管控的策略取决于集团下属业务单位是否都有自己独特的业务模式，业务单位的差异程度决定了有三种基本的文化管控策略：因袭文化策略、亚文化策略、独创文化策略。

文化再造

对于那些企业文化不能满足文化管控要求的集团公司，文化再造就是摆在面前的唯一道路。必须认识到，再造企业文化不是一朝一夕可以完成的，它是一个长期的、系统的工程，需要企业集团精心的策划和贯彻，使它深入到每一个员工的心中。

文化再造一定要明确现在的企业文化在哪里？它将往何处去？以及如何去那里？

第十二节　品牌组合战略

除了横向战略之外，品牌组合战略是集团公司管控提升体系另一基石，是集团公司管控的高级阶段。

在品牌大行其道的今天，集团公司管控如果不能与时俱进地顺应时代的要求，是注定 mission impossible（无法完成的使命）。

拥有企业不如拥有品牌，当前绝大多数集团公司的下属企业已经“品牌化”或准品牌化了，对于他们而言，品牌就是企业，品牌就是产品，品牌就是客户，品牌就是关系，品牌就是领导人，品牌已经成为他们过去的成就、今天的辉煌和明天的梦想，品牌是一切之一切！

在品牌化的格局下，企业和品牌之间的关系恰似鱼水之情，没有了品牌，或者说品牌被弱化，企业就像脱水之鱼一样，没有生存的可能。

品牌管控的作用

准确说来，中国目前还没有什么集团公司能够上升到品牌组合战略的层面，这种情况在集团公司管控上造成了两大品牌性弊端：

一是无法对下属企业进行有效的品牌整合，而缺乏品牌整合使得远景模糊、过度竞争、难以调控、执行障碍、资源浪费和绩效下滑。

二是难以掌控下属核心企业的主导品牌，而这种失控会使得有潜力的品牌无法得到充分运用、品牌令人感到乏味、品牌缺乏差异导致利润压力增强、利益相关者困惑于品牌的模糊、高端市场拱手让人和由于相关性减弱丧失品牌领导地位。

品牌管控的组织

从发展的观点看，越来越多的集团企业开始认识到品牌管理的"集团化"越来越重要，很多跨国公司像通用电气公司、惠普、3M 等都设立了直属于最高决策层的"品牌管理委员会"或"全球品牌管理部"，以响应品牌组合战略的要求。

从管控的观点，只有集团品牌管理部门才能负责总体的品牌管控使命，集团品牌管理部门主要履行三大职责：

（1）品牌组合的管控：主要内容包括决定品牌组合管控的模式、制定品牌组合战略以及进行战略品牌合并。

（2）集团公司品牌的管理：主要内容包括制订公司品牌战略以及明确集团公司品牌和下属企业品牌之间的关系。

（3）对下属品牌的管控：主要内容包括管控下属企业品牌的核心识别、管控下属企业品牌的战略性传播以及评估下属企业品牌的品牌资产。

品牌组合的管控模式

对于集团公司而言，由于经营多样化和资本运作的结果，其品牌组合常常拥有多种（有时是完全不同的）产品、顾客、渠道和识别，这种类似于万花筒一样纷繁复杂的现象不仅让顾客感到迷惑和沮丧，甚至连股东、员工等利益相关者都感觉到含混和不能取信。

在这种天下大乱、各自为战的情况下，集团公司又如何能够谈得上去品牌管控？

品牌关系谱决定了品牌管控的强度，从而产生了四种基本的品牌组合管控模式，可供集团公司采用：

（1）单一品牌管控模式：这是管控强度最大的一种模式，意味着集团公司对下属企业全面的品牌管控。

（2）主副品牌管控模式：这是管控强度较大的一种模式，意味着集团公司对下属企业关键的品牌管控。

（3）背书品牌管控模式：这是管控强度较小的一种模式，意味着集团公司对下属企业轻度的品牌管控。

（4）多品牌管控模式：这是管控强度最小的一种模式，意味着集团公司对下属企业微弱的品牌管控。

品牌组合战略

品牌组合战略是指提供一套系统的方法，用以审查现有的品牌组合，发现需要进一步分析和解决在管控和发展方面存在的问题。

品牌组合战略具体规定了品牌的作用、各品牌之间的关系，以及不同的产品市场环境，从而相机安排管控的需要。

品牌组合战略有 5 条原则：建立强势品牌的原则；配置品牌资产的原则；建立协调的原则；平衡品牌资产的原则和指导未来发展模式的

原则。

品牌组合战略的内容包括 5 个方面：品牌体系、品牌地位、品牌角色、品牌体系结构以及品牌图形。

战略品牌合并

为了集团公司管控，同时也为了更好的发展，集团企业可以采取战略品牌合并的方式，通过撤销下属企业的品牌或者改变其品牌地位，减少品牌的数量和改变品牌排列的优先序列。

战略品牌合并流程主要有六个步骤：

第一步是识别品牌系列。要求全面地识别所有的品牌组合，并从中甄别那些存在管控问题的品牌系列，以及存在发展问题的品牌系列，这就构成了战略品牌合并的对象名单。

第二步是建立品牌评价指标。要确定品牌的优先序列就需要建立评价指标，这些评价指标必须结构化和具备可量度性，一般而言有 4 个指标：品牌资产评价指标、业务优势评价指标、战略匹配评价指标、品牌转换评价指标。

第三步是品牌评价。通过上面 4 个指标对品牌系列的对象进行加权计分，在计分过程中要注意单纯的整体得分是不够的，如果不能满足在关键指标上的最低要求就要采取“一票否决”的突然死亡。

第四步是品牌优先序列。通过品牌评价可以对品牌进行优先序列的归类，需要得到重点管理和积极发展的品牌进入战略性品牌、银弹品牌、侧翼品牌和现金牛品牌的序列，剩下的品牌或者撤销品牌、或者合并品牌、或者转移资产品牌、或者价值管理品牌、或者引起关注品牌。

第五步是制定新的品牌组合战略。根据品牌优先序列重新安排品牌体系、品牌地位、品牌角色、品牌体系结构以及品牌图形，这里面需要一些备选方案以及持续优化的过程。

第六步是实施战略组合合并。这意味着从现有品牌组合向目标品牌组合过渡，过渡有两种方式：一步到位突然实现；分步到位循序渐进。

集团公司品牌

在品牌组合战略中，集团企业的公司品牌常常是一个为常人视野所忽视的宝贵资源，很多集团企业并没有郑重其事地认识到公司品牌的存在以及合理利用所可能带来的丰厚收益。

事实上，很多集团公司管控问题就源自于集团企业缺乏强大的公司品牌。可以设想，在业务单位的品牌远超过集团公司品牌的时候，当业务单位的品牌不需要集团公司品牌帮助也能茁壮成长的情况下，业务单位会用哪只眼睛看集团公司？眼神里面肯定充满轻蔑和抗拒，你凭什么来领导我？反过来，如果集团公司品牌极其强大，业务单位的品牌必须在其卵翼下才能生存发展，业务单位审时度势就会变得很温顺，很多集团公司管控问题会突然消失、自然解决。